京急とファン大研究読本

赤い電車に魅せられて

著者兼水先案内人
久野知美
女子鉄アナウンサー

監修
南田裕介
ホリプロマネージャー

KANZEN

はじめに
HAJIMENI

前作『鉄道とファン大研究読本』はお陰様で多くの方にご愛読いただきました。（たちまち重版！ありがとうございます！）

鉄道の世界の新しい楽しみ方をご紹介することができ、本当にうれしく思います。

実は記念すべき人生初の書籍を制作しているときから、多くの出演者さんが熱を持って語られる〝京急〟の魅力をもっと掘り下げたいと考えるようになりました！

「鉄道を好きになったのは、京急がきっかけ」
「ドレミファインバータの音、たまらない！」
「駅名標や文字が独特!!」etc.

コアな鉄道ファンからも熱狂的に愛される私鉄。

今作『京急とファン大研究読本』では、様々なユニークな視点で〝京急〟の魅力、その人気のヒミツに迫ってみました。

終着駅……もとい最後までお楽しみいただければ幸いです。

SS誕生
京急ステーションサービス
（現・京急ステーションコマース）設立。

1000形（ステンレス車両）

本社移転
東京・高輪（泉岳寺）から
横浜・みなとみらい（新高島）へ移転。

2000形（ありがとう2000形ヘッドマーク）

R01 本社移転 Minatomirai
京急とファン大研究読本
京急とファン大研究読本誕生！撮り下ろし企画満載♪
いざ、赤い電車に乗って出発進行！

H30 車両引退 Series 2000
鉄道とファン大研究読本
念願の初の鉄道本『鉄道とファン大研究読本』刊行！
たちまち重版！感謝です…！泣

H29 座席指定 Wing
路線拡大
西武鉄道『52席の至福』、東武鉄道『TJライナー』
に続き『Revaty』70000系自動放送担当♪

H24 高架化 Heiwajima-Rokugodote
鉄道ラジオ
前年に就任したスカパー！鉄道チャンネルに加え、
FM NACK5で初のラジオレギュラースタート。

H22 新種別 Airport Kaitoku
初CM
協和発酵バイオのテレビCMで、
大先輩の草野仁さんと共演！大ベテランの偉大さを知る。

H20 駅メロ導入 Station melody
上京&移籍
番組満了を機に上京。ホリプロアナ室へ移籍！
忘れもしない2年目の春、鉄オタマネが担当に。

H19 ステンレス GIN1000
初レギュラー
関西テレビ「満たして！好奇心」オーディションに合格！
リポーターのいろはを学ぶ。

H18 AED設置 Automated External Defibrillator
大学卒業
自主留年もむなしく、局アナ受験に敗退…。
地元の事務所に所属してタレント活動開始。

H16 駅名改称 Kenritsudaigaku
愛犬ココア
弟分として、黒色のロングコートチワワもお迎え。
2匹とも可愛い♡晴れて6人家族に！笑

H14 新型車両 Series N1000
愛犬クレア
久野家に初めてワンコがやって来た！
薄茶色の豆柴みたいに大きなロングコートチワワ。笑

H13 認証取得 ISO9001:2000
大学入学
立命館大学 文学部 心理学科に入学！
最初のクラスで出来た友人たちは今や大親友に。

H13 SS誕生 Keikyu station service
高校卒業
ダンス部の活動や勉強に精を出した3年間。
同級生の倉木麻衣ちゃんと一緒に高校卒業。

H10 空港直結 Haneda Airport
高校入学
第一志望の立命館宇治高校に入学！京阪電車通学開始♡
旧3000系に惚れ、テツの目覚め。

※平成22年からエアポート急行

京急と久野知美の停車駅ご案内

※久野知美人生路線図をもっと詳しく見たい方は「鉄道とファン大研究読本」(P.4-5)参照!

1500形

2100形

受賞 2000形ブルーリボン賞受賞。

■普通　■急行　■特急　■快特　■久野

新型車両 Series 2100

速度向上 Speed up

新型車両 Series 600

羽田駅開業 Haneda

ウィング号 Wing

四直開始 Toei Keisei Hokuso-kodan

高架化 Shimbamba-Omorikaigan

高架化 Gumyoji-Kamiooka

駅名改称 Good bye "Keihin"

新型車両 Series 1500

駅名改称 Shinzushi

受賞 Blue ribbon awards

新型車両 Series 2000

H10 **中学校卒業**
あっという間に終着駅！運動会で毎年踊ったダンスは立派な趣味へ♪一人前に失恋も経験。笑

H07 **中学校入学**
ドラムに憧れて吹奏楽部へ♪担当はアルトサックスになったけど、サックスも楽しい！

H06 **小学校卒業**
小学校生活も終着駅。修学旅行は新幹線で広島へ！はしゃいで怒られたのも良き思い出。笑

H05 **飼育委員会**
仲良しの友達と飼育委員会に所属。文鳥やうさぎ、アヒルなどのお世話を。初恋もこの頃♡

H04 **部活スタート**
可愛い衣装に惹かれバトン部へ！運動会で披露するも、投げては落とし笑ってごまかす。笑

H03 **ピアノ発表会**
3度目の発表会で「エリーゼのために」を披露。人生で一番ピアノが上手だったのはこの時。汗

H02 **バス運転士**
職業体験授業で、クラスの女子で唯一バスの運転士役を所望する。鉄も好きだがバスも好き。笑

S63 **小学校入学**
京阪沿線・寝屋川市(香里園)へ、お引越し。晴れて小学1年生&おけいはんに♪

S62 **初司会**
千里丘学園幼稚園の音楽発表会で初司会！「これから、発表会を、はじめます！」

S60 **バレエ教室**
元宝塚歌劇団の先生にクラシックバレエを習い始める♪発表会は、なんと宝塚劇場で！

S60 **妹誕生**
目に入れても痛くない、最愛の妹が生まれる♡今も大の仲良し！何でも話せる親友のような存在。

S58 **初マイク**
小さい頃からマイク大好き！おもちゃのマイクで遊んでいました。録音も残ってます♪

S57 **女子鉄誕生**
大阪府茨木市にて、トワイライトエクスプレスと同じ誕生日に爆誕。(久野が7年先輩。笑)

ちびっこたちに
大人気!!

けいきゅん®に会ってきたよ

公式 HP
https://www.keikyu.co.jp/information/keikyun/

公式ツイッター
https://twitter.com/keikyunofficial/

公式フェイスブック
https://www.facebook.com/keikyunofficial/

ねえ、けいきゅん
こっち向いて

京急電鉄のマスコットキャラクター「けいきゅん®」に会ってきました。飛行機に乗って旅行をすることや子どもたちと遊ぶことが大好きなけいきゅんにいろいろ聞いてみました。

Q けいきゅんは普段、どんなことをしていますか?

A **京急の沿線内外でお散歩**してるきゅん。みんなに会いに行くよ〜!

Q

京急の好きな駅、
好きな車両、好きな
景色を教えてください。

A

好きな駅は**羽田空港国際線ターミナル駅**きゅん。同じお誕生日きゅん。好きな車両は 1000 形だよ。好きな景色は三浦の海。車窓からみるとキレイきゅん。

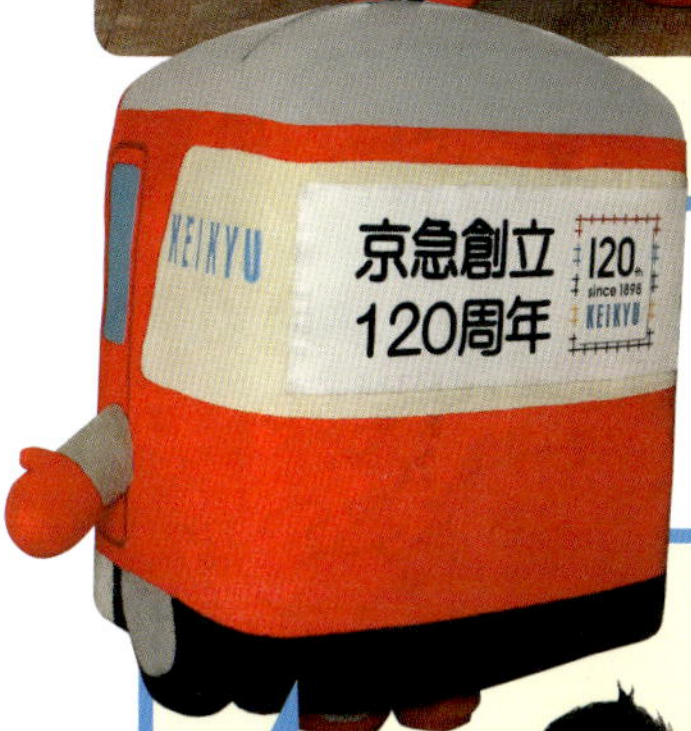

またねー

Q

仲良しな
私鉄はありますか?

A

みんな仲良しきゅん♥たまにみんなで集まるきゅん!

上大岡の京急百貨店で毎年行われる「京急鉄道フェア」。鉄道キャラクターが勢揃いする中、ダントツの人気を誇る「けいきゅん®」！ 京急沿線で見かけたら是非声をかけてみてね!!

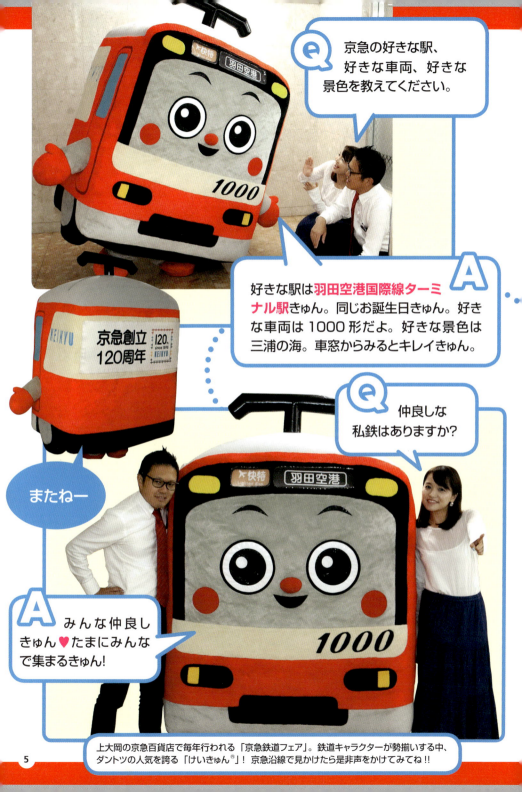

赤い電車に魅せられて

京急とファン大研究読本

目次

第3章 ようこそ、京急妄想鉄道の旅へ

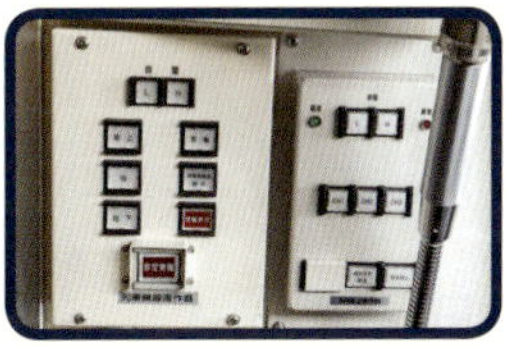

1A
快特
三崎口
01
2100

KEIKYU FAN

第1章

潜入!? 直撃!?
これぞ、私たちの京急愛

〝かぶりつき〟をとことん楽しもう!

先頭車両満喫ガイド

先頭車両から見える乗務員室は、知っているようで知らないことがいっぱい。ここでは、限られたスペースにぎっしりと並ぶ装置について解説。さらに車両基地へも潜入成功! 貴重な体験をすることができました。

ENJOY 1
乗務員室を徹底解剖……P.12〜14

ENJOY 2
車両基地へ潜入…………P.15

務員室
員室

ENJOY 1
乗務員室を徹底解剖

運転台

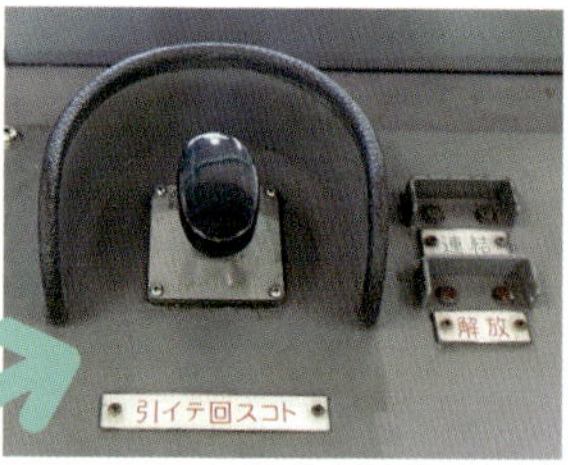

1 連結と解放を行うための装置。連結する際にカプラー（連結器）を外し、再び電気的に繋げるために『引イテ回ス』。分かりやすく書いてあるが引かないと回せない。

2『主幹制御器』が「入」の状態でなければ、マスコンハンドルを動かしても電車は動かない。『リセット』は、走行中に検知した異常の度合いに応じて正常運転に復位（リセット）するスイッチ。『保安ブレーキ』は、万が一の場合に用いる別回路の予備・バックアップ用のブレーキ。『電灯制御』は室内灯を付けたり消したりする際に用いる。『前照灯』は、厳密に言うと前方を照らすためのライトではなく、先頭車両であることを示すためのライト。写真では消えている状態。前にレバーを倒せば点灯する。『急行灯』は、普通電車以外の種別の電車の正面に点灯させる白いライト。

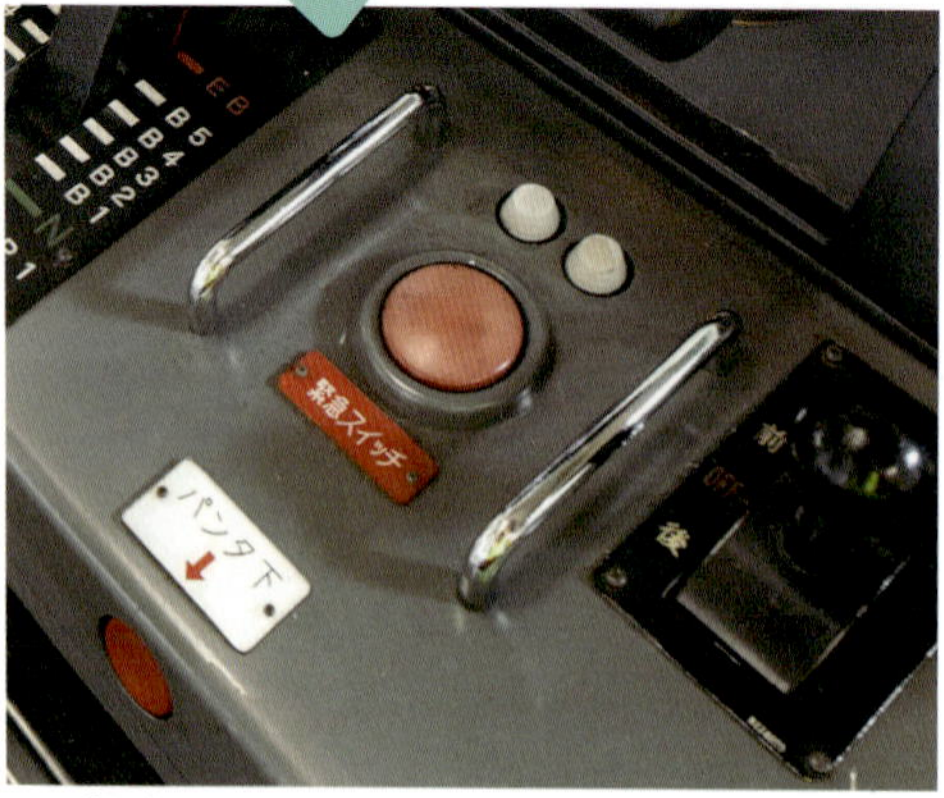

3『緊急スイッチ』を押すと、非常ブレーキがかかりパンタグラフが下がる。また、半径1キロ以内の電車に「停止しなさい」という信号が送られる。次に『パンタ下』。パンタグラフは基本的にいつも上がっているものだが、点検時などパンタグラフを下げる際に押すスイッチ。

5 運転台の左側に設置されている『列車無線操作器』。京急線はほぼ「地上」だが、都営浅草線に入ったときには「地下」に切り替える。『マイク』は運転士が車掌とのやりとりに使用する。

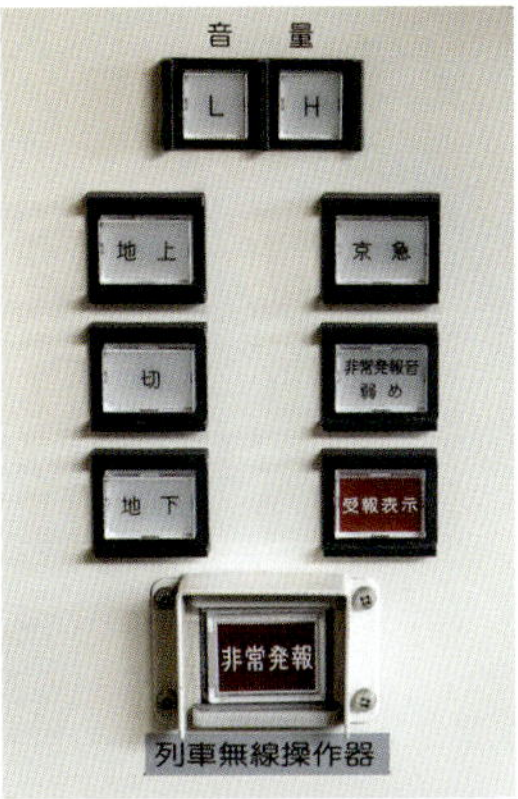

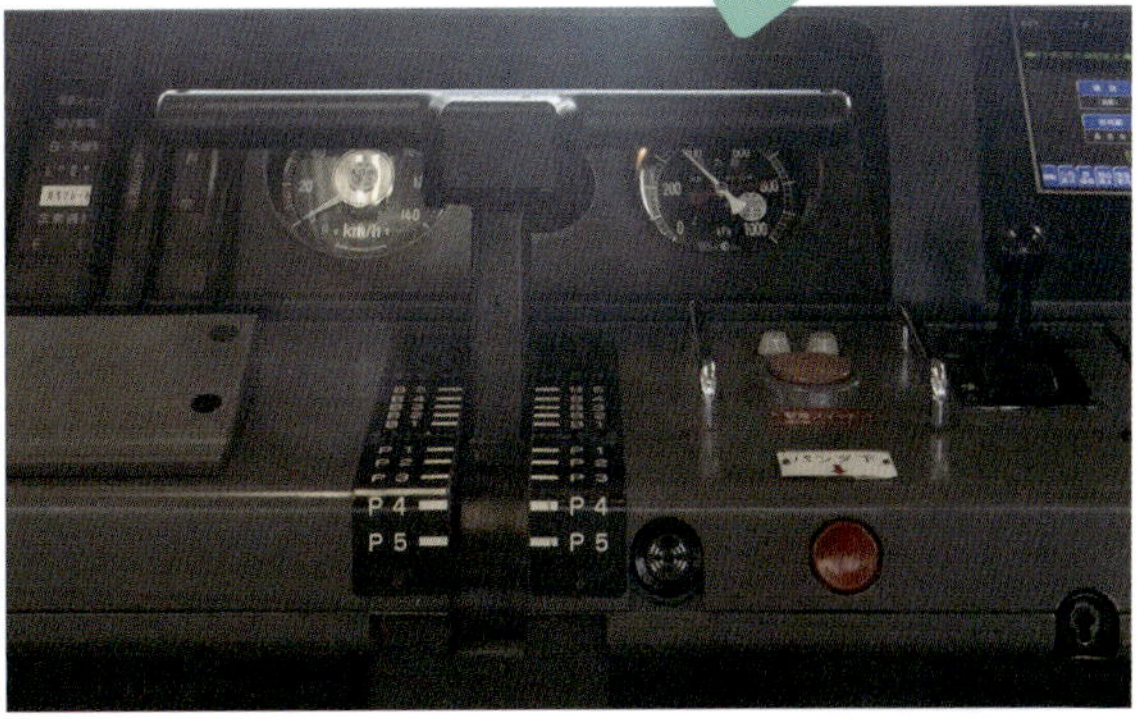

4 マスコンハンドル。ブレーキと加速（車でいうアクセル）がひとつになったワンハンドルタイプ。

側面（ドア周辺）

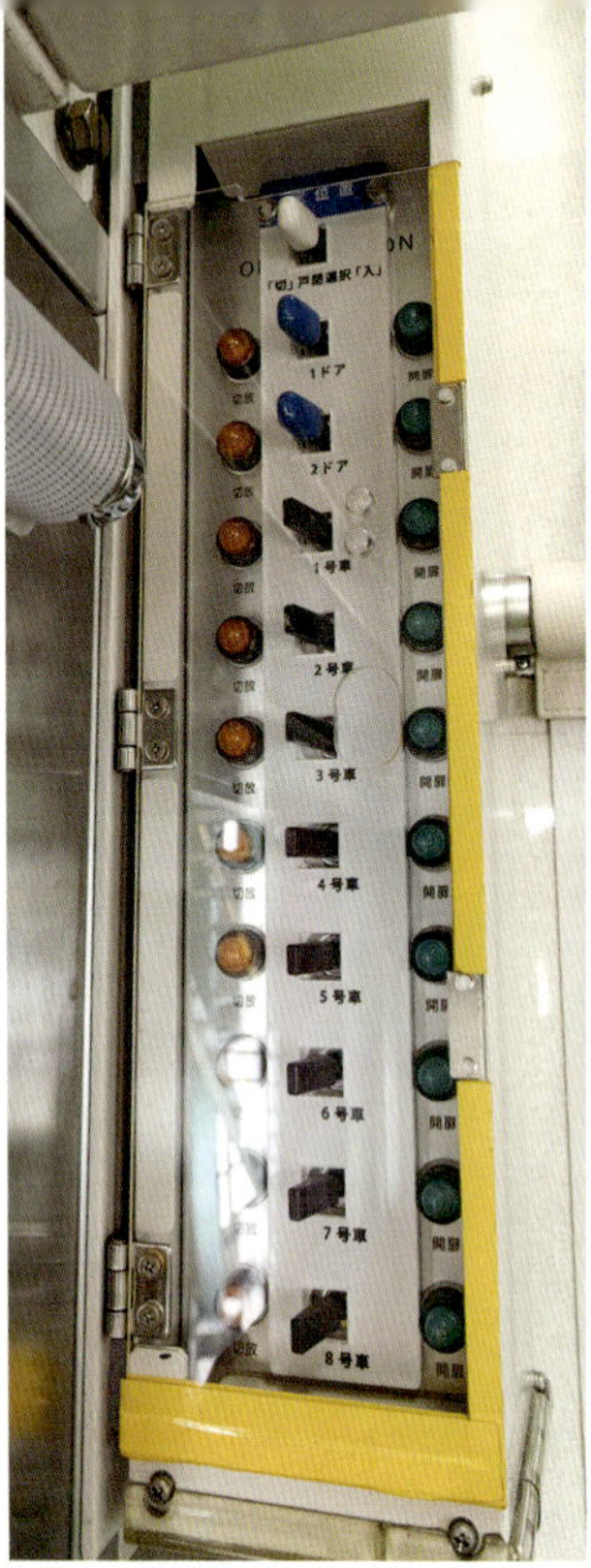

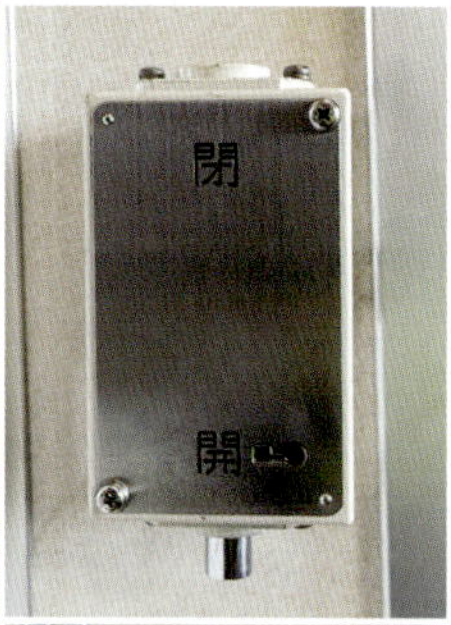

ドアスイッチ

ドアの開閉は通常の『ドアスイッチ』だけではない。『再開閉』は、例えば荷物がドアに挟まれ、ドアが閉まらなかった場合にその箇所だけを開閉できる。左の写真は『戸閉選択スイッチ』。モーニング・ウィング号のように決まった号車のドアのみを開閉する際に使用する。現在設置してあるのは 2100 形のみ。

車掌非常スイッチ

発車の際に車掌が出発監視をしながら必ず握っているのが『車掌非常スイッチ』。危険を感知した場合は、これを引っ張ると非常ブレーキがかかる。そして『川崎大師のお札』。京急線の発祥は大師線であることもあり全車体の運転席に飾ってある。

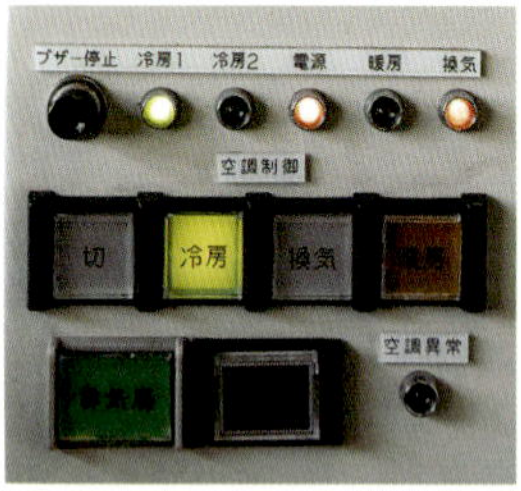

空調操作スイッチ

冷房、暖房、換気といった空調を操作するスイッチ。

座席転換に挑戦

『座席転換スイッチ』。現在の「南向き」の状態から、「北向き」を押すと全車両の背もたれが一斉に向きを替える。ちなみに南・北という概念は、南北を走る京急線独特の用語。

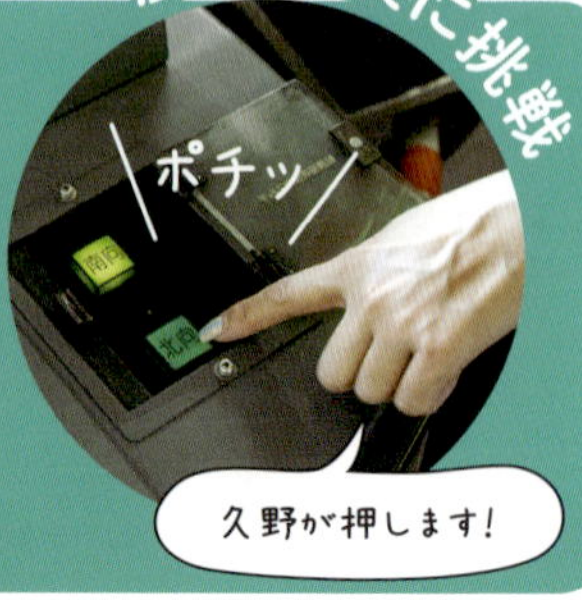

念願の車両基地潜入！

検車係員の皆さんが案内してくださいました

ENJOY 2 車両基地へ潜入

　今回訪れたのは金沢検車区。金沢文庫と金沢八景の間に位置する車両基地です。赤い電車が並ぶ光景に感激していたところ、検車係員さんのご厚意で整備中の先頭車両の下を見学できました。モーターや制御器が並ぶ場所を係員さんと同じ目線で見ることで、機械だけではなく人の目でも安全が守られていることを実感。貴重な体験でした！

台車の点検も大事!ということで電車の下に潜る久野

金沢検車区検車係員さんと。ありがとうございました!

牽引車「アント君」にサインをさせてもらいました。隣のサインは樋口真嗣監督（P.28）！ 恐縮です!

KM 01

岸田 繁さん

Shigeru Kishida

（くるり）

京急のある一時代の記憶として、『赤い電車』が残ればいいかな

品川駅や羽田空港国内線ターミナル駅の「駅メロディ」として使用されているロックバンド「くるり」の『赤い電車』。この曲はヴォーカル兼ギターの岸田繁さんへ京急が依頼をして制作された。今回は車両好きな鉄道ファンとしての視点とミュージシャンとしての音楽的視点から京急の魅力に迫った。

かの有名なタモリ電車クラブ会員さんの中でも、ダントツにマニアックな音鉄・車両鉄な岸田さん！
念願かなっての初対面！！　大学の後輩として、鉄道と音楽の相互乗り入れ=融合について京急を切り口にじっくり伺ってきました♪　コアでマニアックな鉄トークにご注目！

PROFILE

1976年4月27日、京都府京都市出身。ロックバンド「くるり」のヴォーカル兼ギターであり、作詞・作曲も手掛けるフロントマン。立命館大学在学中に「くるり」を結成し、98年10月にシングル「東京」でメジャーデビューを果たした。大の鉄道ファンで、『赤い電車』のみならず、自身の楽曲の詞の中に鉄道が登場するなど鉄道をモチーフにした楽曲多数。京急電鉄の他にも、京急の旧車両が活躍する高松琴平電鉄・瓦町駅一番ホームや、阪急電鉄・十三駅の4号線などの発車メロディも手がける。テレビ朝日「タモリ倶楽部」のタモリ電車クラブゴールド会員。

岸田　（前作を手にしながら）それにしても、車両限界超えましたってキャッチがいいですね。

久野　ありがとうございます！　振り切れた方ばかりに登場いただいて。あ、今回お受けいただいた岸田さんにこんなことを言うのはあれなんですけど……。

岸田　いやいやうれしいです。

久野　立命館大学の後輩としてもお会いできて光栄です。さらに、岸田さんにツイッターをフォローしてもらっているという……（涙）。

岸田　いつか会うんだろうなと思ってました。

久野　本当にうれしいです。そうだ、大学のぞんち（存心館という学生会館）にコープがあったのを覚えていますか？

岸田　ああ、ありましたね。

久野　あそこの生協はくるりさんが新譜を出すたび、大々的に展開していたことを思い出しました。

岸田　あそこの生協のおばちゃん、僕たちのことすごく応援してくれてて。

久野　好きでたまらないのが伝わってくるんですよ。それを見ながら育ったんで。

岸田　うれしいなあ。そういえば立命館大学生がお世話になっている北野白梅町駅が建て替えになるんですよ。

久野　え！

岸田　今はお店になってるんですけど、あそこがバスターミナルになるって聞きました。

久野　えー。昭和の風情のあるいい駅舎ですよね。

岸田　早めに撮影に行かれた方がいいと思いますよ。

久野　ああ。嵐電も変わっていきますね。駅もお洒落になって。

岸田　嵐電は地味に古いもんが残ってたんですよ。車両もほぼ吊り掛け（モーターから輪軸に動力を伝達する方式）でVVVFインバーターは2両だけ。マニアックな車両もあってね。昔のブリル履いてるやつの中には、吊り掛けだけど新しい台車という車両もあります。

久野　音の違いですぐわかりますか？

岸田　全然違いますからね。吊り掛けの新しい台車は、なかなかうならない。

久野　そうなんですね！

岸田　ころ軸受にしてないやつは、だいぶうなりますよ。

久野　……岸田さんのマネージャーさんが『よくわからない』って顔で苦笑いしてますね。

岸田　いつもこんなんですよ。嵐電にレトロ調の車両があるじゃないですか。それはわりとうなる。『ガー！！』っていう。あれは台車が古いままなんで大当たりなんですね。

久野　私も嵐電の音、スマホに入れてますよ！
岸田　天井には古めかしいローリーファンに、木目の内装しかも昔懐かしい吊り掛け駆動って……見た目にも素晴らしい……今回、京急の話でしたよね（笑）。

京急との出会いは1000形

久野　ルーツが西にある岸田さんですが、京急との出会いから教えてください。
岸田　初めて乗ったのは関東の私鉄の中では割と遅めでしたね。『カラーブックス』（保育社から出版されていた書籍。会社別に車両や沿線風景を完全収録している）世代なんで、事前情報はあったんですが。
久野　カラーブックスはみなさんが通る道ですよね。
岸田　子どもの頃に、東京のおじさんの家に行くたび『都営浅草線に乗ろう』と思っていた時期があったんです。都営浅草線5000形が、廃車が始まってた時期で、あれに乗らないといけないと。浅草線を行ったり来たりしてたときに、そこではじめて乗ったのが浅草線に乗り入れていた京急1000形でした。しかも、白幕車で川崎の軸梁台車を履いている車両でね。
久野　それは歴史的な車両ですね。
岸田　あれがまた、すごいうなるんです。
久野　そのときも音が印象に残ったんですか？
岸田　モーター音が『ヤー！！！』っていうんです。あれが気になって。それから1000形の古い車両に興味が出て。でも、その頃には前の600形とか湘南型はもうなくなっていて、大師線には700形があったけど、そっちには興味が行かなかったな。
久野　そうなんですね。京急さん発祥の地だし、支線だし、岸田さんの好きそうな要素がたくさんありそうなのに。
岸田　線自体は好きなんですけど、僕は車両から京急に入ったので。

初めて乗った1000形はやかましかった

岸田　1000形の初期車にはコンプレッサー（空気圧縮機。空気ブレーキや扉の開閉に使用していた）で、AR・2と呼ばれるロータリー式（回転翼式）のがあってね。要はレシプロ式（ピストンが往復運動することにより空気を圧縮するタイプ）じゃないんですが、これが『アーーーー！！！』って言うんです。
久野　えー。そんなけたたましい音しましたっけ？
岸田　音で好きになった車両なんでよく覚えてます。特に地下鉄区間はよく響くんです。

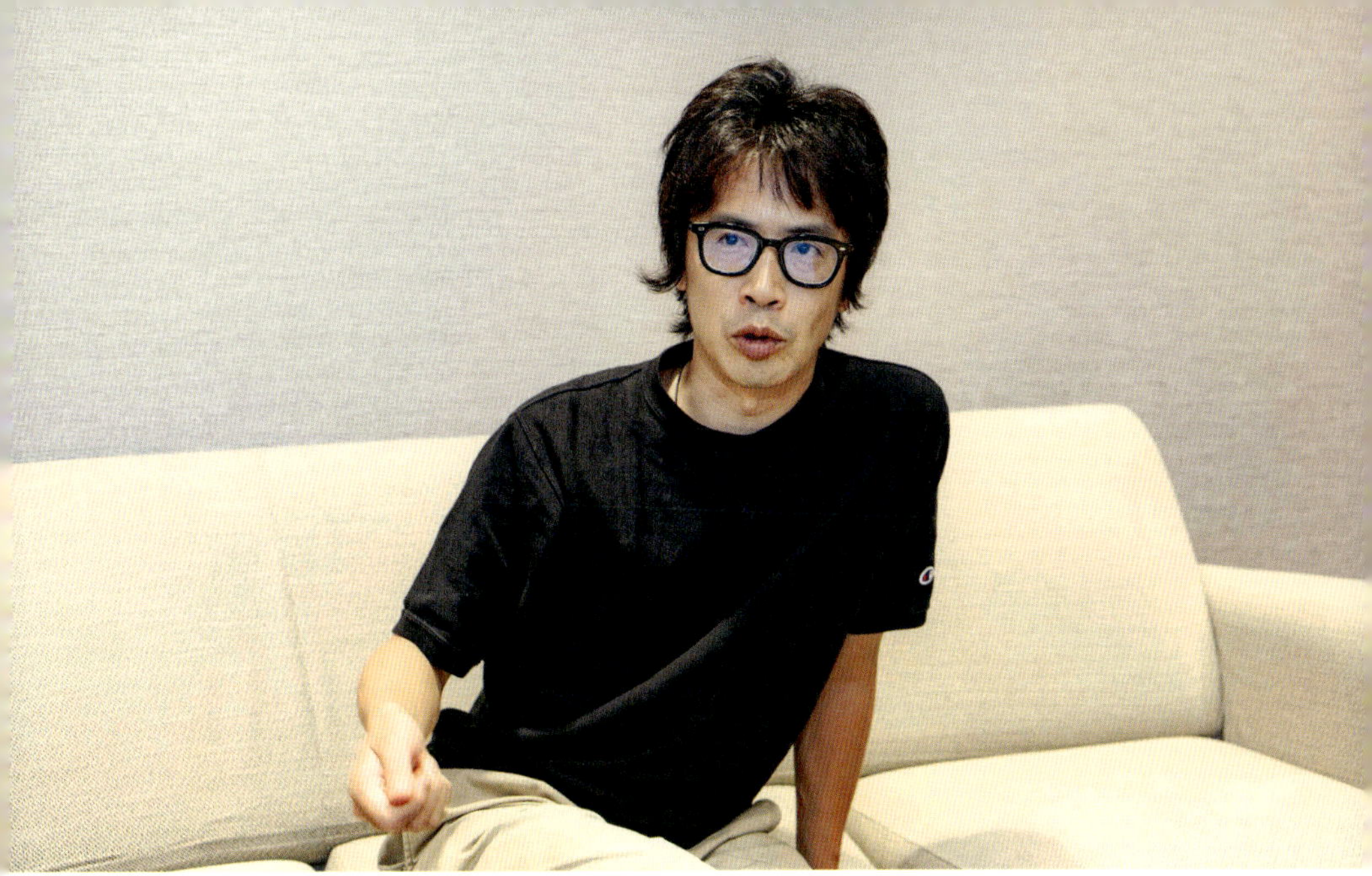

久野　泉岳寺駅なんてよく響きそうですね。
岸田　京成も乗り入れてるし、京成の初代3000形や3050形がギリギリ残っていた時期で楽しかったな。はじめて京急の車両に乗ったときが、その時期ですよ。30年前のことです。
久野　そんな思い出があったんですね。
岸田　音楽の仕事をするようになって、東京まで飛行機で移動することが多くなり、京急に定期的に乗るようになりました。その当時は、まだ天空橋までしかなかったんですけどね。

岸田少年の心を奪ったファンデリア

久野　大人になって、改めて乗った京急はどうでしたか？
岸田　京急で今も走っている2100形が登場したときは衝撃でしたね。ドレミファが走り出した当時は、新子安に行くことが多かったんでよく乗っていました。
久野　新子安！　降りたことないです。
岸田　その当時、新子安にCDのマスタリングセンターがあったので、京急はよく使ってました。新子安は普通列車しか停まらないから、ダルマ（800形）に乗ることが多かったんです。
久野　ダルマのシートもいいですよね。ひっかいた

出会いは京急1000形
モーター音がすごくうなる

ら筋がつくちょっといい質感が阪急っぽい。

岸田　僕は車両の換気装置が好きでした。昔の昭和30年代の車両でいうファンデリア（丸型の換気装置）なんかいいですよね（編注：くるりインディーズの二作目のミニアルバムタイトルはその名も『ファンデリア』）。

久野　金具の真ん中に扇風機が取り付けてあるやつだ。琴電にも残ってますね！

岸田　800形の初期車で窓開かないやつで、初期の12編成には排気扇が各車2カ所設けられているんですね。それがすごく好きで写真をよく撮ってました。

久野　排気扇……。どんなところに惹かれてますか？（笑）

岸田　それはもうビジュアルでしょう。京急は僕をピンポイントできゅんとさせる要素がたくさんあるんです。

久野　いいなあ。わたしが東京にきた頃はもうなかったから乗ったことないんです。

岸田　ほら、写真を見てください。

（しばし写真鑑賞）

乗った瞬間に「やった！」と思う

岸田　1000形非冷房車のときの車内空調は3種類あったんです。全て扇風機、ラインデリア、ファンデリアつきの3つです。その中に、ファンデリアを扇風機になおした車両があって、それには2カ所だけ排気扇がついていた。小さい頃はそれを夢中で探していました。

久野　幼き日の岸田少年には、お盆と正月とクリスマスがいっぺんにやってきた感じですね。

岸田　でも、その1000形の試作車（旧800形で車体幅が量産車に比べて80ミリ狭い）はラッシュ時の増結用だから子どもが乗れる時間は走ってないという。

久野　乗りたいなって思ったでしょうね。

岸田　初代の1095形と1096形はデトに改造されましたよね。1000形ではじめて廃車になったのが1049形だったかな。それがラインデリア車で、廃車になったときに時間がないなと。

久野　琴電には乗りましたか？

岸田　1000形の量産型には乗ったけど、OK型台車（川崎車輌が開発した鉄道車両用軸梁式台車の）をはいたのには乗ってないんです。川崎、三菱製の車両は音がけたたましくて僕のヒーローでした。

久野　ほう……（笑）。

岸田　琴電で1200形と呼ばれる電車はもともと

花月園前や生麦、京急蒲田など駅の構造も大好き

京急の2代目700形で4扉のやつですね。700形の台車は川崎車輛と東急車輛の両方があるんですが、中でも川崎製はレアだったんです。

久野　どんな音がしたんですか？

岸田　ウイーーーー。

久野　なんだか静かで物悲しいモーター音ですね。

岸田　そうでしょう。今はもういないんですけど、僕はこれをずっと追いかけていたんです。昭和30年代の川崎車輛が作った車両は台車にリンク（上下動を抑止するための構造）がついていて。それが好きだったなあ。

久野　足回りも観なくてはいけないということは忙しいですね。

岸田　昔の1000形って、現在の1000形もそうですけど、車両によって台車もバラバラ、ドレミファもあるし、IGBTもあるから音も全然違うんです。1401はIGBT試験車だから『チョエーン』って音を出しますよね。

久野　乗った瞬間にわかるんですか？

岸田　わかります。当たった！　やった！　って。ドレミファも音が違いました。昔の2100形と現在の1000形だと音が違いますよね。今の1000形の方が転調多い。「パーーアパーーアパパパラパー　コーンコーンコーンコーン」

久野　なんで音が違うんでしょうか（笑）。

岸田　歯車の継ぎ手が違うという説もありますね。最初に現在の1000形が出たときは、耳をつんざくようなうるささで、でも、あるときから継ぎ手を変えたかプログラムを変えたのかわかりませんが途中で変わったことを覚えています。ひゃんひゃんという音が少なくなった。何かの対策をしたのかもしれないですよね。

久野　それがもう残っているドレミファは今の1000形1編成だけになりました。前作（鉄道とファン大研究読本）の撮影時に、当時残っていた最後の2本が、偶然品川駅で並んだんです。あれは鉄神様が降りてきたとしか思えませんでした。

京急は関西らしい私鉄

岸田　京急は車両のバリエーションが豊富なのがいいですよね。あとは18メートルという車両長も関西人としてはうれしい（阪急、阪神は19メートル）。最近まで、わりと塗装車が多かったのもよかった。

久野　関西人としてはシンパシーを感じます。

岸田　現在の1000形なんて、ステンレスなのにべったり塗ったのもまたいいですね。

久野　やはり塗装がお好きなんですね。

岸田　そうですね。でも、電鉄さんもいろいろあるんだろなって思うんです。

久野　あの内装のカーテンもいいですよね。ちょっと京阪の旧3000系に似てますよね。

岸田　名鉄の6000系初期車にも。

久野　あのタイプのカーテンはこだわりなんでしょうか。ちょっと高級感とでも言いましょうか。

岸田　クロスシートを残してくれているのもうれしいですよね。

久野　他にも京急の魅力ってありますか？

岸田　やはり、乗ってて楽しいのは、加速がいいことでしょうね。普通（各駅停車）電車だって加速が素晴らしくて、阪神とかを彷彿とさせます。

久野　いきなりノッチをあげる感じですよね。

岸田　それも5段あるし。あと、花月園前や生麦の駅の構造も大好きです。

久野　確かに！　あそこの駅の雰囲気がなんだかいいんですよね。

岸田　新しい京急蒲田駅の構造も、スイッチバックがあったり、通過してはいっていく様子がヨーロッパ的じゃないですか。

ヨーロッパと比べしっかりしてチューニング

久野　岸田さんはヨーロッパでも乗り鉄されるんですよね。向こうではやはりドレミファ聞かれましたか？

岸田　聞きました。なんだか惜しいんですよね。

久野　わかります！　音痴ですよね（笑）。

岸田　シーメンスでも違うんだなって。オーストリアに行ったときは、プッシュプル方式だから。絶対に端っこに乗ってデッキに入って、機関車が押すのを見ながら乗ってました。

久野　ＯＢＢ（オーストリア連邦鉄道）はビジュアルもいいですよね。

岸田　ユニークな機関車が多いですよね。ハンガリーも面白かったな。でも、ドレミファの音階が、なんか気持ち悪くて。

久野　気持ち悪いとは？

岸田　Ｆメジャースケールのはずなんだけど、第３音が半音下がってて、さらに最後の音が完全に上がりきらなくて、『ああ気持ち悪！』って。それでいうと京急２１００形とか現在の１０００形はしっかりチューニングされてて気持ちいいです。

久野　ミュージシャンからの評価も高い！

岸田　非同期モードから、同期モードに入ったときの音もいい感じにハモりますよね。京急は音のいい車両や、特徴のある車両が多いんです。ブレーキの緩解するときの音も『シャギャー！』って。基本的にやかましい。山手線でＥ２３５の『ピューー』という音を聞くたび新しいなって思う。

久野　でも、手がかかる子が可愛いように、やかましい子の方が気になるんでしょうね（笑）。

岸田　なんというか僕たちの思う『電車』っぽいですよね。

「あ、ついに来たわ」と思った２１００形

久野　前作で鉄道好きをこじらせて車両を買ってしまったお医者さんのお話を掲載したんですが、岸田さんが京急の車両を買えるとしたら何を買いますか。

岸田　うーん。好きだったのはだいたい廃車になってしまったからなあ。デトに改造される前の元８００形か９９６形ですかね。ドアがせまいやつ。それか、非冷房マニアなんで、冷房改造される前の６００形。

久野　新しいところだったらどうですか？

岸田　やっぱり２１００形ですよね。あれはかっこいい。２０００形も好きでしたけど、ドアをつける前（２１００形の登場により２扉から３扉に改造）が良かった。

久野　これは好みがわかれる話ですよね。

岸田　６００形は電車マニア的には模索しているなって印象がするんです。なんというか、いろいろ試している感じ。その良さがあるから６００形が来るとうれしくなります。

2100形がデビューしたときに『あ、ついに来たわ』と。だれもが納得のスター性ですよね

久野　でも、2100形も捨てがたい（笑）。
岸田　2100形がデビューしたときに『あ、ついに来たわ』と。だれもが納得のスター性ですよね。
久野　さらにドイツシーメンス社製のVVVFインバーター！
岸田　そしてノルウェー製の転換クロスシート。ついに舶来物がやってきたって。海外の技術が製品を丸々輸入するなんて、1953年の丸ノ内線やアメリカのバッド社と共同開発した東急7000形以来のワクワクがありました。
久野　まさに京急沿線でいうところのペリー、浦賀に来航みたいな感じですね！
岸田　2100形は乗り心地も良かったです。
久野　ブルーのシートに赤いドット模様なんて、まるでヨーロッパの急行や、欧州の路面電車ですよね。
岸田　加速、乗り心地、座り心地。まるで外国の電車に触れたような気持ちがしましたね。なのに、窓にかかっているカーテンは京阪みたいという（笑）。

幼い日に雑誌で膨らませた想像力

岸田　鉄道4誌（鉄道ジャーナル、鉄道ピクトリアル、鉄道ファン、鉄道ダイヤ情報）は幼い頃から読んでました。途中からRail Magazineも読むようになりました。『カラーブックス』（保育社）『カラーガイド』（山と渓谷社）の京浜急行はいいですよね。今でもたまに見返しますがコメントが特徴的なんですよね。
久野　コメントが結構辛口なんですよね。
岸田　まもなく廃車になるだろうとか、著者の独断と偏見が載っていたり。ああ、これを書いた人はこの車両が嫌いなんだなあとか（苦笑）。あとは慶應義塾大学の鉄道研究会が作っていた『私鉄電車のアルバム』が好きでしたね。今は絶版で、なかなか手に入らないんです。

（これを作った後藤文男さん（P.36）が本書にも登場しますという情報に興奮する岸田さん）

岸田　これ、今はすごい値段がついているんですよ。これがバイブルでした。台車別、部類別で細かく書いてあって便利でね。僕はこれで育ったようなもんです。
久野　幼い頃からマニアックだったんですね。
岸田　今でもそうですけど、1953年～64年くらいの車両が特に好き。京急だったら昔の600形が好きでした。
久野　そんな岸田さんも2100形が来たときは圧倒された。

『赤い電車』でステンレス化を少しは食い止めたんじゃないかなって

岸田　あの車両も、自国で作るか海外の技術を導入するかせめぎ合いがあったんでしょうね。僕はそういったパイオニア的な車両が好きなんです。

『赤い電車』誕生のきっかけ

久野　側線ばっかり走ってすみません！　赤い電車のお話もぜひ聞かせてください。
岸田　なんか小島新田辺りの話題をかなりのスピードで走ってましたね。
久野　あはは。京急さんからイメージソングのお話があったときはどう思いましたか？
岸田　くるりには5段ノッチをテーマにした曲がありまして（『ノッチ5555』は2000年発売のシングル『ワンダーフォーゲル』の初回限定盤のみに収録されている）。その曲で『京急は5段ノッチですよ』ということを書いたんですが、それを聴いてくれた人がいたのかな。
久野　空港線開通のキャンペーンソングでしたよね。
岸田　オファーを頂いたので、どういう曲がいいんでしょうか、と聞いたら『羽田』『都心に直結』『早い』というイメージを大切にしてくれと。あとは京急とわかる歌にして欲しいと。
久野　『赤い電車』という単語も指定されたんです

よね。

岸田　いや、なかったですね。もしかすると、その時点でステンレス化する計画があったのかもしれない。

久野　（笑）。

岸田　そういうキーワードをもらうと僕は作りやすいんです。ドレミファインバータのモチーフも自分たちが曲を作るんだったら入れねばならんって。

久野　曲中のドレミファの音は印象的ですよね。

岸田　自分でモーター音を採りに行きました。曲のキーをFにすれば、サンプリングしたモーター音をそのまま使えるなと。音が上がるだけでなく、実際にはない下がるところも入れて、サックスソロのような位置付けにしているんです。

久野　たしかに物悲しい音色がサックスぽい！

岸田　京急さんはもしかすると、アップテンポな、イケイケドンドンな曲が良かったのかなってあとで思ったりもしましたけど。

久野　いやいや、お子さんも歌える素敵な曲じゃないですか。

『赤い電車』PVへのこだわり

岸田　記念発売されたパスネットに自分が描いた前の600形のイラストを使ってもらったり、久里浜工場でポスター用の写真を撮影したときは、京急さん的にはどうやら1000形を使いたかったようですが、僕が『800形がいいです！』ってかなり強めにお願いして無理を通してもらったり、いろんなわがままを聞いてもらいました。

久野　それが今では駅の発車メロディですもんね。聴くたびにうれしい気持ちになります。

岸田　『赤い電車』のPV撮影でも2000形を三崎口から品川まで、昼に一本、夜に一本上り電車を貸し切っていただいて。

久野　それは贅沢ですね。

岸田　品川に着いて、最後は泉岳寺方向の引き込み線へ入るんですが、あそこに行けたのはうれしかったなあ。

久野　撮影中もずっと乗っていたんですか？

岸田　そりゃもう、監督なので。窓が汚れていたので自分が拭いたり。その様子もPVに収録されています。

久野　他にもこだわりのポイントはありますか？

岸田　歌詞で『赤い電車』と歌うタイミングですれ違うように編集したり、多摩川の橋をわたるところで、ちょうど夜と昼を切り替えています。

久野　大変そうですね。

岸田　撮影と編集は大変だったけど、本当に楽しかったです。

取材当日
（2019年7月）

ずっとお会いしたいと思っていた大学の大先輩・岸田さん！
とても気さくでざっくばらんな鉄トーク、感無量でした!!
いつか発車メロディ×自動アナウンスで相互乗り入れさせ
ていただきたいな。本当の本当に、ありがとうございました!!

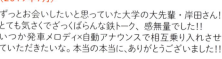

久野　タイトルは最初に浮かんだのでしょうか？
岸田　歌詞に『赤い電車』って何度も出てくるから、まあ赤い電車かなって。
久野　でも、この曲のおかげで『赤い電車』という言葉と京急のイメージが日本全国に広まりましたよね。
岸田　ありがとうございます。でも、名古屋に行くと『名鉄も赤いよ』って、浜松に行くと『遠鉄も赤いよ』って言われますけど（笑）。
久野　それは言われそうですね（笑）。でも『赤い電車』というタイトルも含めて本当に素敵な曲です!!
岸田　ステンレス化を少しは食い止めたんじゃないかなって。でもだんだんステンレスになっていくのは、仕方ないんですけどちょっと寂しいですよね。だから、京急のある一時代の記憶として、この曲が残ればいいかなと思っているんです。

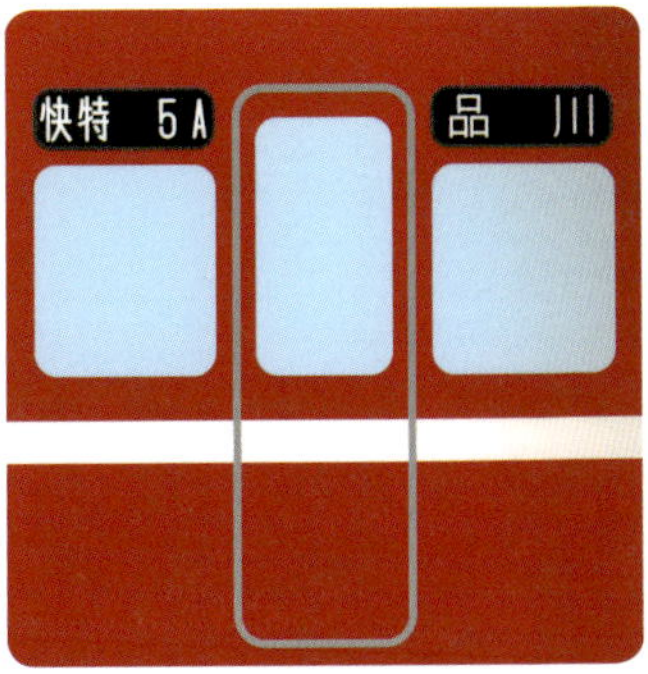

提供：Victor Entertainment

『赤い電車』

くるり16枚目のシングル。2005年9月22日に発売。京急の依頼により制作された。現在は品川駅、羽田空港国内線ターミナル駅の「駅メロディ」としても愛用されている。

KM 02

樋口 真嗣さん

Shinji Higuchi

映画監督・特技監督

みんなが「うちは他の会社とは一味違うぞ」という強いプライドを持っている

『シン・ゴジラ』の破壊シーンでは品川、蒲田など京急沿線の街並みや京急をはじめとする鉄道が登場した。鉄道好きでもあり、この映画で監督・特技監督を務めた樋口真嗣さんに制作秘話とあわせて、京急への思いを聞いた。

鉄道好きなら、ヒヤヒヤそわそわしながら見たであろう「シン・ゴジラ」！ 総合監督の庵野秀明さんとともに鉄道愛の深い監督同士のタッグで生まれた〝電車爆弾〟。一体どのようなきっかけで生まれたの!? 随所に出てくる鉄道カットはどこまで狙ってる!? 詳しく伺いました！

PROFILE

1965年9月22日、東京都出身。1984年『ゴジラ』にて映画界デビューを果たす。主な監督作品は『ローレライ』、『日本沈没』、『のぼうの城』、実写版『進撃の巨人』など。2016年公開の『シン・ゴジラ』で監督と特技監督を務め、第40回日本アカデミー賞最優秀作品賞と最優秀監督賞を受賞した。

車両に乗っているときの剛性感が強い

京急は赤い。つまり通常の3倍速いということです（編注：ガンダムに出てくる赤いシャア専用ザクは通常の3倍速いと表現されている）。

見た目もそうだし、京急は他の鉄道とはなにかが違います。まずシュッとしていて、ひたすら速い。トルク感があるし、車両に乗っているときの剛性感が強い。剛性感というのは自転車用語ですけど、乗り心地が硬いということ。京急に乗っているとアルミ車両にはない硬さを感じるんです。最近のアルミ車両はフニャフニャっとしていて、それと比べたら左右に思い切り振られる感じがたまらないんです。逆振り子電車みたいなイメージでね。

旧国鉄の車両も同じように「硬さ」を感じました。でも、国鉄って速くはないじゃないですか。

京急は硬くて速い。京急はただただ飛ばす。上大岡を過ぎたあたりでも、「それでもおれはスピードを落とさない」という強い意志を持って、道なき道を駆け抜けていく感じがたまらないんです。

同じ関東の私鉄なら、つくばエクスプレスも速いけど、あれは踏切もないし、速く走るために最初から計算されている路線ですから。

昔は先頭車両の運転席の後ろが定位置でしたが、今は若い人たちにゆずります。僕が立たなくても、あそこには必ず誰かいますよね。もう僕の場所ではないんです。お年寄りに席をゆずる前提で優先席に座ります。

優先席は連結器の近くにありますから、突き上げと揺れを感じることができます。もちろんモーター車を選びますし、目をつぶってバイブスを感じます。ビリビリ。

京急の代名詞と言えばシーメンス。「ドレミファうんちく」を語る人がいたとしても、それを優しい気持ちで受け止めるだけの人生経験を積みました（笑）。つい、語りたくなっちゃうのが京急なんです。「これ、シーメンス社製だけどドレミファじゃねえし」と思っても優しい気持ちで眺めています。人間も50歳を過ぎると、自分の未来は、自分のものじゃない。この世界は若い人のものだって気持ちになるんです。

京急はみんなのものなんです。

初代1000形は顔が親しみやすい

京急に初めて乗ったのはたしか50年近く前です。都営浅草線に乗り入れしていた先頭貫通車の初代1000形でした。

切妻じゃなくてエッジの取れた感じが、野暮ったくて良いんですよね。銀座線と丸ノ内線も丸っぽいけど、ステンレスだから、ちょっと冷たい感じがする。だけど初代1000形の顔を見ると親しみやすくて、京急と浅草線が乗り入れるのも分かる気がしたんです。

京急といえば、僕の高校時代は乗っている学生が怖かったですよね（笑）。特に横須賀の方は怖かった。関西でいう阪神みたいなもんです。阪急では決してないし、阪神が京急だとしたら、阪急が東横線、京阪は京成でしょう。

話がさらに脱線しますけど、関西って電車の色が変わっていませんか？「この色は使わないだろ？」という色を普通に採用する。田舎の洋品店で売っているような色味の電車が走っているのを見ると、「よくこの配色にしたな」ってぞくぞくするんです。

鉄道好きには「国鉄至上主義」があります。やはり国鉄ってのは完璧なんです。

それに比べてなんだろう、京阪、京成、浅草線は、「ペンキが余っていたんじゃないの」という色を使っている。でもそれがなんだか癖になるんです。

京急川崎駅の駅舎は風情がある

酒で人間関係が成立している私からすると、京急沿線は酒どころがたくさんある魅力的な路線です。すこし足を伸ばすと、京成立石という東京を代表する酒の街もあります。

立石にある「二毛作」というおでん屋さんは目の前が線路で、京成に乗り入れた京急の車両が走ってたりして。その様子を酒と一緒に楽しめます。

京急を代表する飲兵衛の街といえば横須賀中央。ここで飲むと、なぜか必ず酔いつぶれて、周囲がざわざわしているなと思って目がさめるとだいたい青砥にいます（笑）。

横須賀中央で乗って青砥で降りる、ダメ人間一直線ですよね。仕方ないから青砥で飲み直そうとしても周辺にいい飲み屋があまりない（笑）。

横須賀もあるし、野毛もある。酒飲みを引きつけてやまない電車、それが京急です。ボックスシートがまだ残っているし、下りだったら横浜を過ぎたあたりからだんだん酒を飲みやすい雰囲気になってきますよね。

最近は羽田空港に行くために京急を頻繁に利用します。

本当は新宿からバスに乗るのが一番便利で早いんですが、わざわざ品川まで出て京急に乗ります。場合によっては南武線で登戸から川崎まで行って、JR川崎駅からガラガラとキャリーバッグを引いて京急川崎駅まで移動してわざわざ京急に乗ることもあ

京急蒲田の駅舎はできたばかりだから、踏むのをやめました

ります。

というのも京急川崎駅の二階建ての駅舎が風情あっていいんです。無機質なコンクリート造で小さな弁当屋さんもあって、まるで都心とは思えない風情と旅情を感じさせるんです。

川崎はJRのほうはずいぶん華やかだけど、京急周辺には昭和感が残っていて、さらに駅の中に一歩入ると、いきなり空気が変わるんです。それが本当に素晴らしい。

ちょっとだけ苦言を呈するなら、最近の京急は駅が新しくなると個性がなくなっちゃっていますよね。京急蒲田もつるっとしちゃって、昔の駅舎を知っているから寂しいんです。沿線の景色が一緒になってしまうし、高架化はわれわれ鉄道好きにとってはあまり歓迎できません。なぜならこの駅に降りたという実感がなく、物足りなく感じてしまうのです。

もちろん、京急蒲田は新駅舎ができたおかげでスイッチバックも見られるようになったし、開かずの踏切もなくなり便利になりました。

3階のホームから空港に向かう線路がまたいいんです。なにがいいかって、京急蒲田を出てすぐの区間は、架線がシングルアームなので、架線柱がない方向を撮影すると、超低空を飛んでいる空撮みたいな絵が撮れるんですよ。ぜひ試して下さい。

取材当日

（2019年9月）

以前、高校生鉄道模型コンテストのステージで庵野監督目線での「シン・ゴジラ」についてのお話を伺っていたので、樋口さん目線での分析もとても面白かったです！今度はぜひ、呑み鉄話も聞かせてください!!

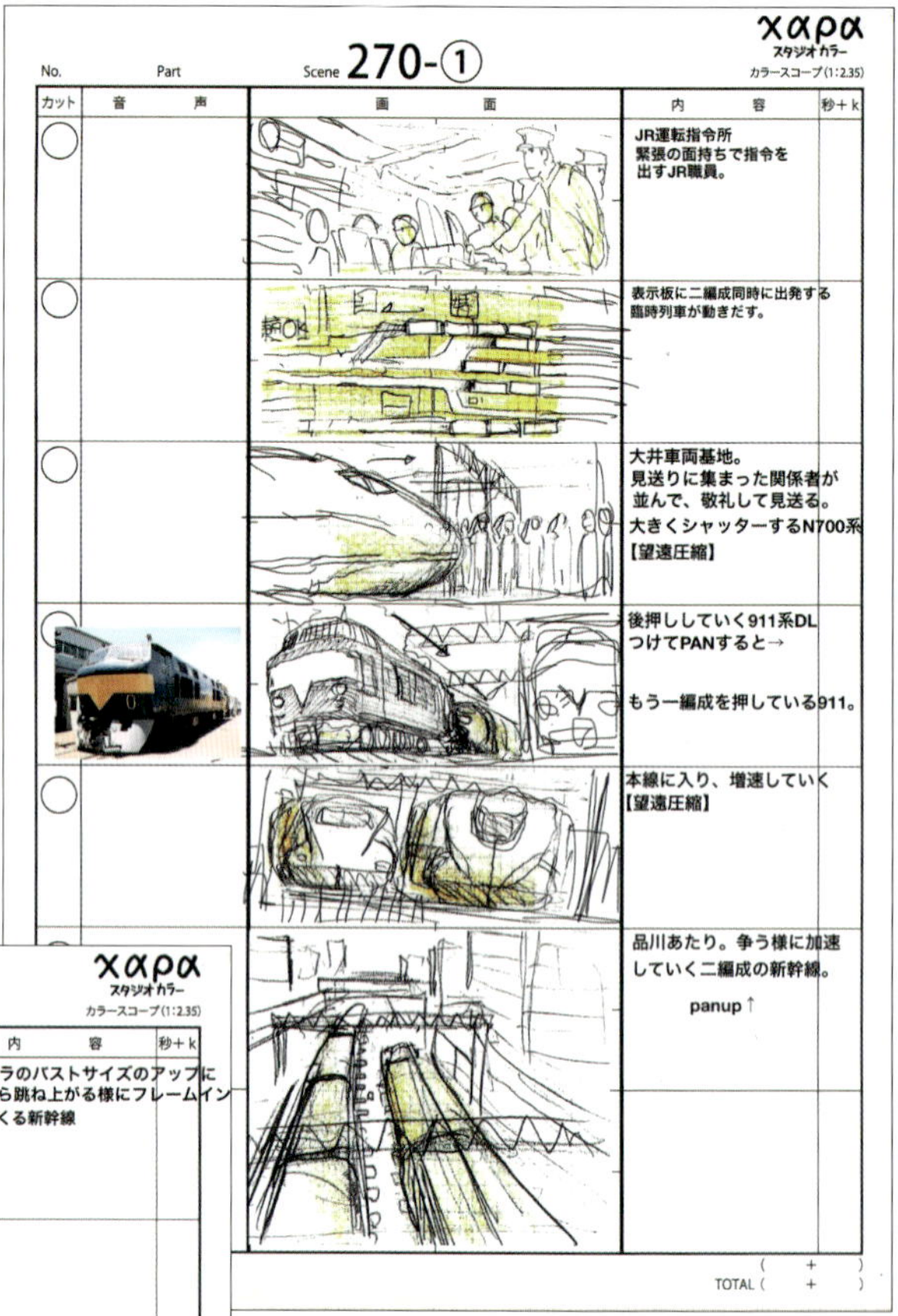

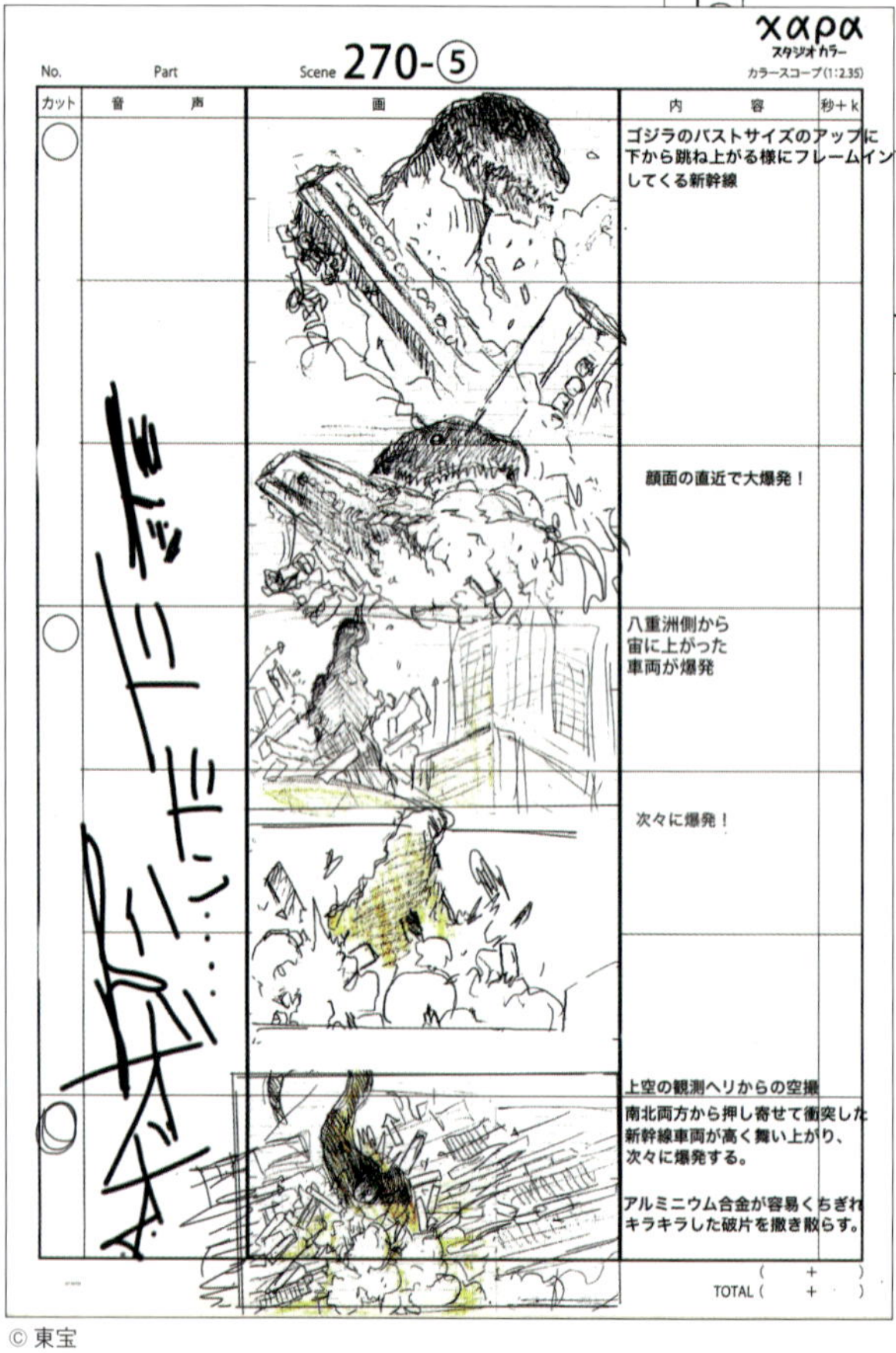

樋口監督自ら描いた『シン・ゴジラ』の絵コンテ。

『シン・ゴジラ』撮影秘話

『シン・ゴジラ』でも京急蒲田の駅舎はどうしようかなって議題にのぼりました。羽田から上陸したなら、普通は京急蒲田にいくはずでしょう。でもスルーした。あそこの駅舎はできたばかりだから、踏むのをやめたんです。

最初の脚本では、ゴジラの上陸地は羽田空港のD滑走路になっていました。あの滑走路も本当にかっこいいんですけど、羽田空港は撮影ができない。CGで作ったらさらにお金がかかる。

次に候補になったのが蒲田でした。数年前から蒲田の飲み屋街に通っていたので、あそこらへんはいいなって思っていましたから。蒲田は古くて味わい深いいい飲み屋がたくさんあるんです。

本当は羽田空港から八潮団地を抜けて品川まで行くはずのゴジラの進路をわざわざ曲げて、蒲田の街を踏みつぶしたんです。

八ツ山橋あたりが壊されたシーンで転がっていく車両は京急の800形です。もちろん車両を指定しました。北品川駅に似合うのは800形のダルマでしょう。重たそうだし、京急らしさをもっとも持っている車両だと思うんです。

京急からは「なんでも飛ばしていいよ」とお墨付きをもらっていました。人が降りる様子や、踏切を渡る老いた親子の様子、それは北品川駅からじゃないと撮れなかったので、駅での撮影には京急に力を貸してもらいました。

車両を好きにしていいなんて言ってくれるのは京急しかないですよ。電車で大事なのは正確に目的地まで送り届けること。電車でゴジラを倒す爆弾を作ったって誰もよろこばないんです。

江ノ島で江ノ電が写っているシーンは、総監督・脚本の庵野秀明の意見でぜんぶ300形にしました。車両は私と庵野で選定会議をしたんです。どの車両がいいかなって南田さんに助言を求めたこともありましたね。

僕はこうなると選ぶのが楽しくなってくるわけです。真岡からSLを引っ張ってこようかなとか。でも、車両の種類が増えすぎたら、制作費用がかかるので、通勤型のE233系やE231系を多用して色だけを変えています。本当は田町と尾久にある車両を全部使おうと思ったんだけど、編成表を考えたら、造形のモデル代だけですごい予算になるから泣く泣く断念しました。

在来線爆弾の発想は庵野が書いた脚本を読んではじめて知りました。庵野は鉄道が好きだし、模型が好き。驚きましたし、鉄道ファンがどう捉えるか懸念もありましたが、ぶつけるという発想はアッパレ

普通 71
Local
羽田空港～京急蒲田
Haneda Airport Keikyu Kamata
827-1

ですよね。あれだけ重い爆弾を乗せてスピードを出して走るには、鉄道が一番効率がいいんです。電車って加速するよりも止めるために苦労するけど、在来線爆弾は止まらなくていいですから。

最初は東京駅でスピードのある新幹線と新幹線で挟みたかったんです。東海と東日本で、N700系とE2系で挟んだらおもしろいじゃないですか。その場合、昔あった0系と同じ型の911形ディーゼルカーで途中まで牽引して、品川で切り離すという構想も練っていました。グッとくるでしょう？　コンテまで書いたのにそんな尺はないってカットされたんですけどね（笑）。

京急は標準軌。これは電車の個性に影響すると思っています。Nゲージって実は縮尺が間違っていて、あの台車に合わせたら、正面から見た車両の個性が全然違うんです。本当はHOゲージくらいの大きさになるんですって。その点、京急はNゲージでも本物の縮尺に近い。実はHOゲージで800形の先頭車両を持っているので、レールに乗せて眺めては楽しんでいますよ。

これ以上駅舎を変えないでほしい

京急の工場に行ったことがあるんですが（P.15）、金沢文庫工場の方と話して、「みんな、こんなに京急が好きなんだ」って感動しました。みんなが「うちは他の会社とは一味違うぞ」という強いプライドを持っている。パンダグラフの接触部分の説明をしてくれた方の説明を聞きながら、こういうスペシャリストが京急のスピードを支えているんだなと思いました。それを壊してしまって申し訳ない。けど、工場の人たちは大歓迎してくれました。

京急に対して思うのは、これ以上駅舎を変えないでほしいなあって。残すべきものは残して欲しい。京急川崎のパタパタ掲示板であったり、京急川崎の駅舎であったり。

意外と盲点ですけど、品川駅のJRとの乗り換え口もいいんですね。天井が高くて、いろんな看板があってごちゃごちゃしていて、あそこだけでもターミナル感がある。「京急のりかえ専用改札」というでかい看板も昭和感がありますよね。

品川駅の待機列の細さもいい。普通列車は1列、快特は2列。明らかに無理でしょう。他の私鉄だったらもっと効率を優先しているんだろうけど、変なコンサルは入れないでほしいな（笑）。

京急蒲田駅も60年後はいい味が出るかもしれない。それをずっと見て行きたい。味わいが出たそのときこそ、壊しがいがあるってもんでしょう。

スペシャリストが
京急のスピードを支えている

KM 03

後藤 文男さん

Fumio Goto

藤久不動産・文英土地建物

特徴のない電車が増えた今だからこそ、個性ある車両を送り出す京急は素晴らしい

池袋駅東口から少し歩くと、京急と西武の電車の２つの顔が並んだビルが現れる。
実際にご覧になった皆さんも疑問に思ったのではないだろうか？
なぜ、池袋に京急の車両があるのか――。

PROFILE

株式会社藤久不動産代表取締役・株式会社文英土地建物代表取締役。学習院中等科・高等科、慶應義塾大学を経て、老舗鉄道雑誌『鉄道ファン』などを制作する交友社へ就職。京急800形登場時に誌面で“ダルマ電車”と名付け、その後多くの人々からその愛称で親しまれた。実際に購入した京急800形は、池袋の藤久ビル東五号館に配置されている。

ダルマ電車と名付けた男

〝ダルマ電車〟と名付けたのは『鉄道ファン』編集部に在籍していた26歳の頃です。京急の新型車両の取材で訪れた車庫で、この800形を初めて見た瞬間、「あ、これはダルマだ」って直感的に思ったんです。さっそく誌面でその呼び名を使って、編集後記にも「名付けたのは後藤だ」と編集長が書いてくれました。

〝ダルマ電車〟という呼び名はどんどん一人歩きしていきましたが、鉄道車両にニックネームをつけるのは、昔からよくあることだったんです。たとえば、現在ハチ公前に展示されている東急東横線の車両は青ガエルと呼ばれていたでしょう。僕は他にも新京成8000系を〝たぬき電車〟と名付けた実績もあるんです。車庫があった地名をとって「くぬぎ山のたぬき」とずいぶん親しまれたみたいですね。

自主制作の本を出版したい一心で出版社に

小さい頃から電車が好きでした。乳母車に乗せられた私は、近所の陸橋下を走る電車を飽きずにながめていたそうです。電車好きの血はどんどん濃くなり、学習院中等科時代には自ら鉄道研究会を立ち上げて模型を作っていました。そして高校では写真撮影にはまりました。その後、慶應義塾大学に進学しましたが、さらに鉄道写真の撮影に熱を上げました。今でいう撮り鉄というやつです。当時使っていたのはニコンFと中判のローライSL66。実は親父が写真好きで、いろいろ高い機材をもらっていたんです。

当時はもっぱら地元で西武鉄道を撮り続けていました。鉄道雑誌も熱心に読んでいましたね。なかでも『鉄道ファン』は創刊号からずっと愛読しています。自分でいうのも変ですが、隅から隅まで読んで投稿写真を送る、とてもいい読者だったと思いますね（笑）。

実は大学で鉄道研究会に所属しているときに、自主制作で本を作っていました。これがなかなかいい出来で、どうにかして世に出したかったんだけど、それはかなわなかった。それで、この本を出版してもらいたい一心で交友社（『鉄道ファン』の発行元）に就職しました。おかげでこのように全5巻で形になりましたよ（P．43写真『私鉄電車のアルバム』）。『鉄道ファン』編集部には足掛け7年いたのかな。父親が急逝したのを機に、会社をやめて実家のビル業を継ぎました。

川崎大師に初詣に行った幼き日の思い出

京急の思い出といえば、子どもの頃に川崎大師に初詣に行ったことでしょう。今は久里浜工場に展示されている230形という古い電車に乗ってね。初詣の時期は品川から直行電車があって、川崎駅でスイッチバックするのが楽しくて……ああ、そういえば、川崎大師の名物もダルマだし、それ（800形にダルマ電車と名づけた）があのタイミングで一つになったのかな。ほら、白い縁取りなんかダルマそっくりでしょう。

川崎の海の方は工場が多いですから、大師線は貨物列車も走っていました。小島新田駅から川崎大師駅までは貨物用レールが敷かれていて、京急は標準軌、貨物は狭軌だから、レールが3本敷かれているんです。それを見るだけで興奮したものです。

大人になってからも京急はずっと気になる電車でした。

京急の何がいいって、まず速い電車だということ。とにかくスピードが出る。

京急に乗るときは、運転台の後ろが指定席です。窓が大きいから障害物が少なくて前方の景色がよく見えるんですね。

横浜を過ぎた辺りでトンネルが多くなるのもまたいいんです。真っ暗なトンネルから明るいところに出て、また真っ暗に。まるでジェットコースターでしょう。デジカメで撮影した運転席からの動画を眺めながらくつろぐこともあります。

京急の車両が池袋にある理由

このビルを建てる時点で、鉄道車両を置きたいという計画が念頭にありました。この土地は交差点と交差点に挟まれる場所に位置して、ちょっと目立たないところにあるんです。だから、鉄道と建物がランドマークになるといいなと。客寄せパンダならぬ客寄せダルマですね（笑）。

お陰様でかなり反響があって、子ども連れや外国人観光客の方が写真を撮ったり、足を止めてくれます。SNSにアップしてくださる方も多いみたいです。

最初は西武鉄道のE31という小さい機関車を置く予定でした。しかし、ビルの建築が遅れて、大井川鐵道に買われてしまったんですね。じゃあ、電車にしようかな、と。

なぜ池袋なのに京急の車両があるのか、不思議に思う人も多いようですね（笑）。もちろん名付け親という自負もあるし、さらにいいタイミングで廃車になる電車があった。不思議なご縁があったんで

普通
Local
16
812-6

UZEN
三崎口

M
MA
快速急行
池 袋

しょう。

当初は1階に車両を置いて博物館みたいにするつもりでした。でも、1階を電車で占有しちゃうのはビルの営業的にもったいない。それで先頭車両の顔だけを置くことになりました。

さらに、最初は1両のみの計画が、西武の車両が増え、さらに東急の日本初のオールステンレス車7700系が廃車になると聞いて、それもコレクションに加えることになりました。

ウン千万円をかけて叶った夢

電車を置きたいと建築士に相談したら面白がってくれたものの、なにしろ互いに初めての挑戦なので大変なことばかりでした。費用もそうだし、設置する手間がかかりました（苦笑）。

そんな中でも京急さんは、とても好意的に対応してくれましたね。うちに納車する前に、他の電車で「試し切り」をして、先頭の重さを測ってくれたんです。頭（顔）だけで4トン近いことがわかって、その結果、ビルの床にどれほど荷重がかかるのかを計算をすることができました。本体も高かったけど、それよりも輸送費と建築費などを含めてウン千万円以上かかりました。

搬入日のことはよく覚えています。目の前の通りはバスが走っているので、昼間は作業できません。深夜0時から目の前の道路を封鎖して搬入を開始。風が強くて寒い日でした。その日は朝から雨だったけど、搬入直前に雨が止んだんです。おかげでトラブルもなく2時間ですべての車両を運び入れることができました。感無量ですよ。

こうして多くの人が集まる名所になった。大した宣伝効果になったと思っています。上出来ですよ。

800形にはこだわりが詰まっている

800形にはやっぱり愛着があります。私は今日の京急電車の基礎を作ったのはこの車両だと思っています。現在は1000形が台頭しているけど、京急ではやはりこの車両が一番好きです。

まず窓周りが白くてスタイリッシュでしょ。運転台の右手のワンハンドルも当時はかっこよく映った。今の電車はステンレスばかりでどれも特徴がないですよね。はっきりいって面白くない。昔みたいに電車に個性があったほうが楽しいじゃないですか。

800形にさまざまなこだわりが凝縮されているのは、当時の副社長だった日野原さんのイズムが徹底されているからでしょう。

たとえば、ドアは片開き。なぜなら両開きはメン

運転台の後ろが指定席。窓が大きいから前方の景色がよく見える

テナンスが大変だから。両開きと比べて懸念される乗降時間も、ドアの数を増やせば問題がないことをご自分で8ミリカメラで撮影して実証されたそうです。その上でデザイン的に野暮ったくさせないために、窓とドアのガラスの大きさを同じにしたんです。

さらに、ヘッドライトは1個で十分。脱線しづらくするために先頭の電車にモーターをつける。その硬派な伝統は今もまだ京急に残っています。

伝統を守り続けることは難しい。しかし特徴がない電車が増えた今だからこそ、個性ある車両を送り出している京急は素晴らしいです。

次のビル新築の予定？　まったくないですよ（笑）。だから、これは最後の道楽です。もし、もう一度ビルを建てられるとしたら、何を置こうかな。それを考えるのは楽しいですね。このビルのときも結局どの電車にするか、2～3年は吟味しましたから。

さらにもうひとつ願いが叶うなら、全国の私鉄電車の「顔」だけを集めた博物館を作りたい。車両を置くよりも、顔だけを並べると美しいでしょう？　僕はね、顔こそが電車の命だと思っているんです。

京急は
古き良きイズムを継承している

KM 04 矢幅 貴至さん

Takashi Yahaba

株式会社ポポプロ

PROFILE

株式会社ポポプロ営業部／制作部。各地の鉄道博物館でのジオラマをはじめ、鉄道従事者のための安全訓練用ジオラマなど制作は多岐にわたる。プロのジオラママイスターとしてテレビやイベントにも多数出演。

模型で繋がる鉄道愛と京急の魅力

元々京急が大好きな矢幅貴至さんは現在、プロの模型制作者として様々なジオラマ制作を手掛ける。京急グループ会社要覧（京急HPからダウンロード可能）の表紙を飾るジオラマ制作を担当した一人だ。その矢幅さんへ京急沿線のとあるクリニックの院長が模型制作を依頼。模型で繋がる2人に話を聞いた。

KM 05 伊藤 葉子さん

Yoko Ito

六郷こどもクリニック院長

PROFILE

六郷こどもクリニック院長。平成26年9月に現在の場所に開設。診療以外に病児保育を実施している。
https://www.rokugoukodomo.com

**並外れたプロ意識と模型鉄愛で素晴らしい作品を生み出す矢幅さん。2009年頃から鉄道イベントや番組でお世話になっています。京急の作品を手がけているのはもちろん、この度とある歯医者さんに渾身の作品を納められたとか!?

久野・南田がそれぞれお話を伺って来ました!**

模型は小さい頃に趣味でやっていたけど、中学から大人になるまですっぱりやめていました。理由は女の子にモテたかったから（笑）。当時、鉄道はモテないランキングで常に上位する趣味だったんです。たしか南田さんも同じ理由で鉄道の趣味を隠していましたよね（笑）。そのうち友達と遊ぶのも楽しくなっていたし、バンド活動にも本気で取り組むようになりました。

もともとなにかにハマりやすい性格ではありました。興味をもったことはなんでもやってきて、これだと思ったらとことんはまってしまう。音楽でもプロを目指していましたし、車にハマった時期もありました。

模型に再び出会ったのは、医療用品の営業マンをしていた20歳の時でした。仕事先の近くに「グリーンマックス」の模型店があって、店舗は私が休憩時によく車を止める路地横に位置していたので気まぐれで入ったら、ちょうど電気機関車「ＥＦ63」が発売になったタイミングでね。昔から好きだった機関車の模型が1万3千円。大人だし買える！　と思ったんです。

ＥＦ63との運命の再会

ＥＦ63との思い出ですか？　親父と『あさま』の一番後ろの車両に乗ったとき、横川―軽井沢間の碓氷峠の勾配で、車掌さんが運転席に入れてくれたんです。運転席の窓のすぐ外には列車を押しているＥＦ63が見えました。

そこからもう夢中になってね。自宅のあった川越から『白山』に乗って、時々ひとりで横川の機関庫まで通うようになりました。そのうち顔を覚えられて一緒に運転士さんたちとラジオ体操をするようになったんです。そんなこともあって、ＥＦ63は特に思い入れのある車両なんです。

親父は鉄道模型が好きでした。ですからＮゲージも身近にありました。当時は販売される車種も限られていて。例えばロマンスカーやＴＧＶとか……近くの電気屋さんでダンボールと発泡スチロールをもらって、拙いながらもジオラマを作っていました。

そして、最初に話した通り、20歳に模型店で偶然目にした「ＥＦ63」。鉄道模型に熱を上げていた頃を思い出しました。実際に車両を購入すると、今度は風景が欲しくなってきた。車両改造の仕方やジオラマの作り方を教えてくれた「グリーンマックス」のスタッフの鈴木一成さんが、実は凄腕モデラーだと知るのはそのあとのことです。

構造物にはすべて理由がある

大人になって再び模型を始めると、これが意外と

主な京急グループ様依頼制作品

京急グッズショップ「おとどけいきゅうプラス」横浜港大さん橋店様 店内ジオラマ制作

京急みらい駅ジオラマ　※京急 120 周年史、京急会社要覧、京急不動産様ほか広告などに使用

うまくつくれたんです。その上、好きな道具も買えるし、身近に教えてくれる先輩がいる。

そのうち図面通りに作った橋脚が、意外と強度があることに気がつきました。試しに缶ビールを端から端まで乗せても壊れない。「構造物ってちゃんと計算されているんだな」って。それがきっかけで、車両と同じくらい構造物に興味を持つようになりました。橋脚のトラス構造は模型で作っても強度が出ます。理屈はわからないけど、図面通りにつくれたらちゃんとなる。高校でしっかり勉強しなかったことを後悔しました。

今の仕事をするようになってからは、発注元のお客様が、私があまりに構造物に興味を持つものだから面白がってくれて、いろいろと教えてくださるようになりました。

例えば、杭打ちだったらこういう理由でこれを入れる。工法も教えてくれる。すべてに理由があることがわかってくると、模型を作る時も変なところに、橋脚を立てられなくなっちゃう。ここにはヒンジがくるはずがない、こんなところにつけたら恥ずかしいって。

それが再現性の高さにつながったように思います。私の模型の写真を見てから現場に行くと、「模型とまったく同じだ！」って驚かれる方もいるみたいです。私ができる限り自分の足で現地に行くようにしているのは、その場の雰囲気を、ジオラマに落とし込みたいから。今でも、橋を見るとその下に行って橋脚を見たくなります。

赤くて速くてかっこいい

現在住んでいるのは六郷土手駅の近くです。小さい頃は川越に住んでいたけど、京急が好きでした。

おそらく小学生の時に、じいさんと乗ったのが京急デビュー。旧600形の快特だったと思います。雑色のあたりを電車が通過するとき、近くにあったお墓の塔婆がすごく揺れているのが窓の外に見えました。びっくりしましたね。速いとは知っていたけど、「京急すげえな」と。

東武には「けごん」、西武には「レッドアロー」という特急があり、どちらも乗るのに追加で特急料金がかかります。だけど、京急は快特電車でも特急料金は不要。なおかつ赤くて速くて、かっこいいときた。ガンダム世代の私にとって「赤＝シャア」ですから。

さらに先頭車両に乗ると線路の形の美しさがわかります。カントの効き具合がとてもきれいでね。京急川崎駅の車両増結もびっくりしたな。こんな都会でこんなことやるんだって。

そういえば中学生になって彼女ができると横浜に

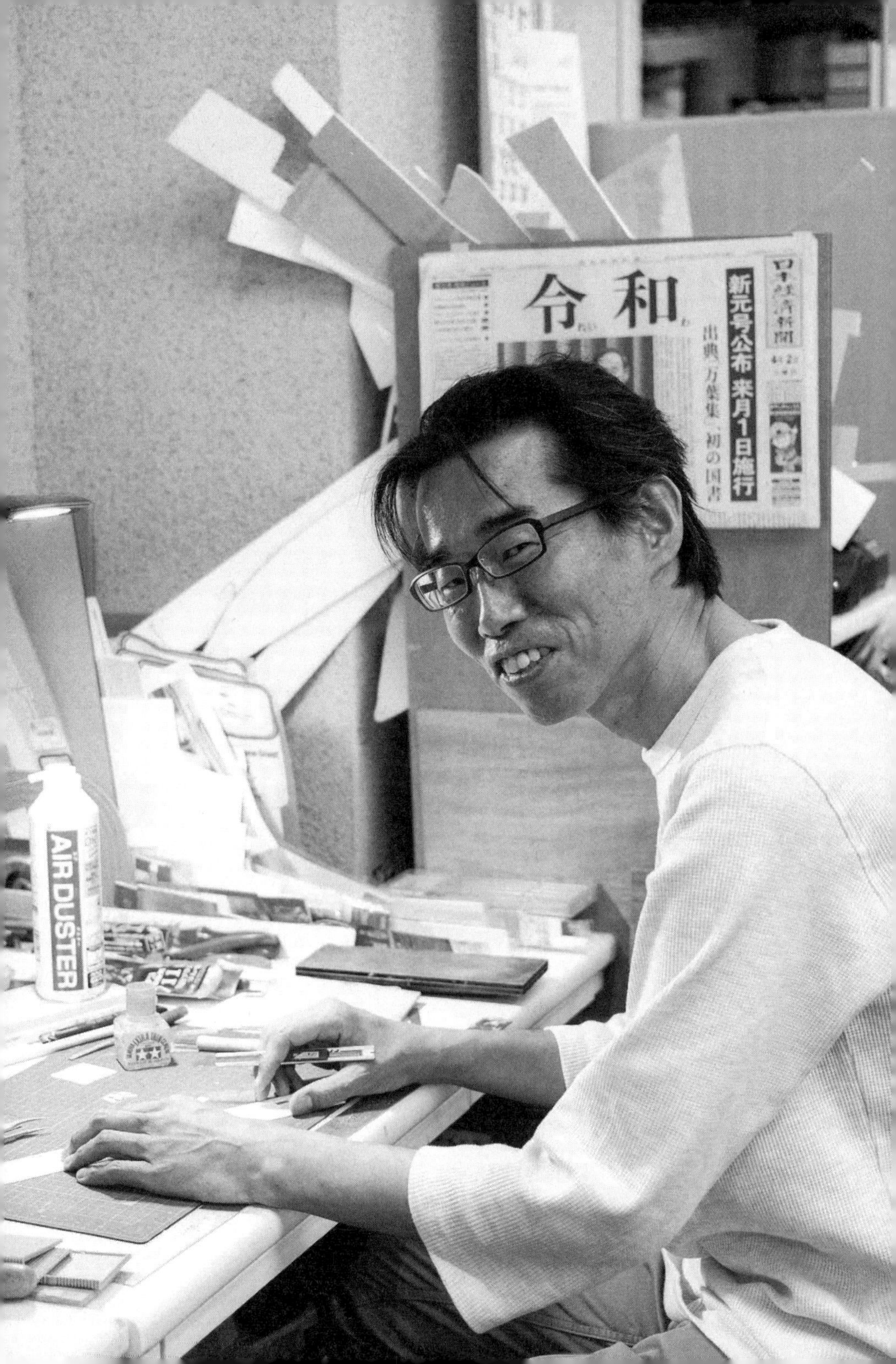
令和
新元号公布 来月1日施行
出典「万葉集」初の国書
AIR DUSTER

連れて行きました。埼玉の子を横浜に連れて行くと喜んでくれるし、私は京急に乗れる。一石二鳥じゃないですか（笑）。

鉄道模型史上かつてない過酷な環境

さて伊藤先生からご依頼のあった、六郷こどもクリニックの模型は博物館と同じように自動運転です。自動運転を行うためには、市販の車両では無理なのでカスタムしてあります。市販は本物と同じように台車の軸受けで車軸を受けていますが、博物館の車両は1日に何キロ走っているかわからないくらい過酷な環境なので磨耗しちゃうんです。だから、車軸をベアリングで支えて耐久性を優先していますし、ギアボックスもオイルシーリングして5年間は開けなくてもいいようにしています。

この模型にはせっかくなので地元の風景を入れましょうと提案しました。伊藤先生は基本的に「好きにしてください」と任せてくれます。そうなると燃えますよね。どうせなら子どもたちが喜ぶものを作りたいじゃないですか。見て楽しめるレイアウトになるよう工夫と苦労を重ねました。

六郷こどもクリニックの鉄道模型は月1回メンテナンスをしています。車輪の踏面を磨いて、レイアウトの一部は毎月テーマをもとに変更しています。

ガラス密閉型だから中に埃がたまることはないけど、レールは2～3年で磨耗が始まります。そして屋外に設置してあるから日焼けします。

屋外なので夏はレールが伸びます。だから、実はジョイントは1ミリずつ開けています。実際の線路と同じですね。通常、博物館に納品する時は1年間保証をするんです。でも、今回は保証できないですと伝えました。費用もかかりますよとお伝えした時も伊藤先生は「やりたいからいいの」と……。こんな環境でやったのは初めてで、この先どうなるか誰にもわからないんです。

電車の夜間格納システムは、この車両の価値をわかる人がいたら持っていってしまう危険性があるので、その対策として伊藤先生から提案を受けました。本当は部屋の中に引き込み線を作って格納したかったのですが、建物の設計上、窓は開けられないということだったので悩んだ結果、自動運転でトンネルの中に隠すことにしました。いいアイデアでしょう。

今のままの京急でいてほしい

昔から京急が好きでしたし、今の模型の仕事をしている以上、いつかは実際に京急の仕事に関わりたいと、ずっとアピールをしていました。京急の方か

日本で一番幸せな京急ファンは私だ、って大きな声で言いたい

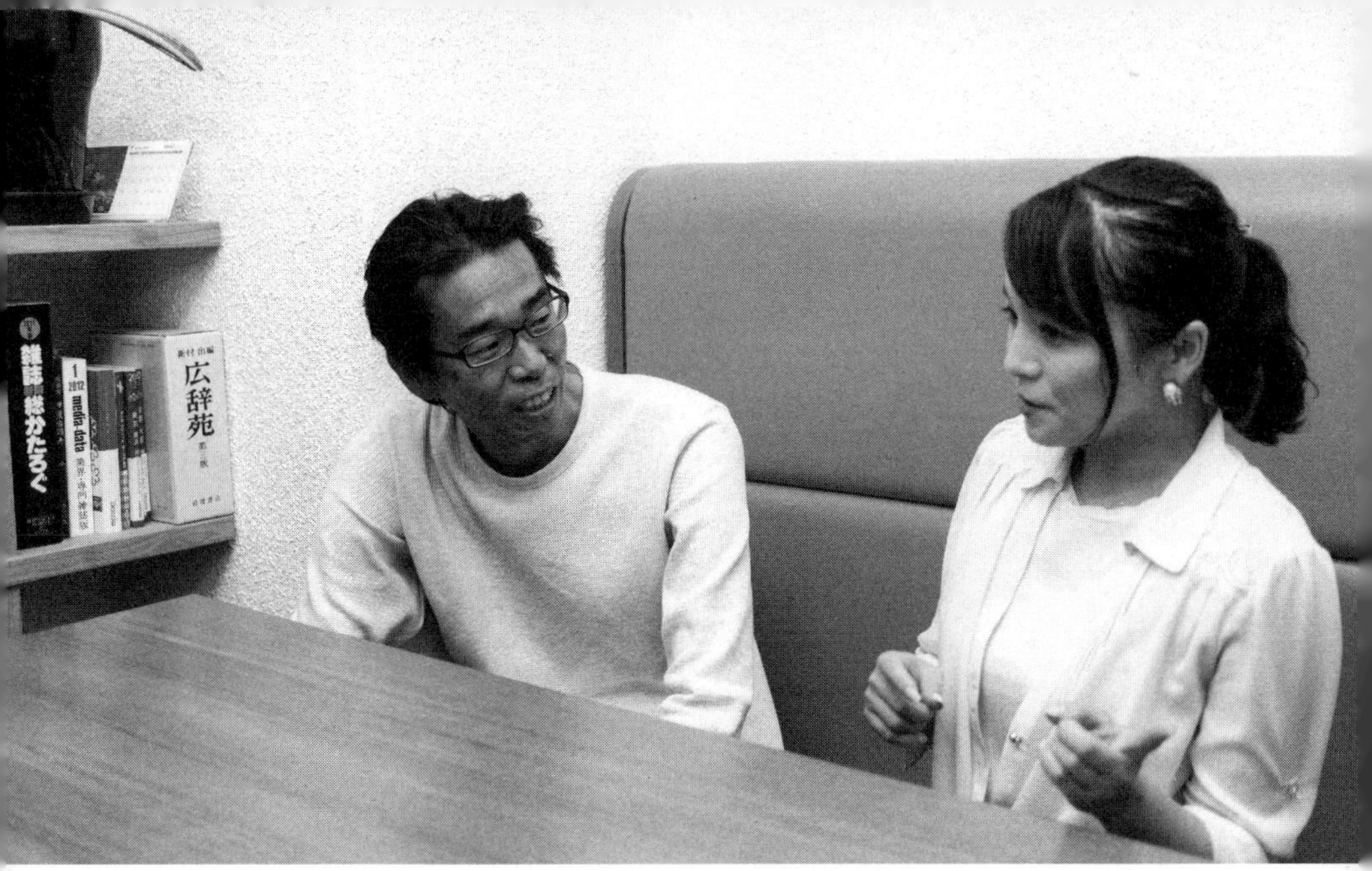

ら相談を受ければ、すぐに飛んで行きました。そうしているうちに、少しずつグループ会社との交流も増えていったんです。

現在はありがたいことに新社屋内にできる京急ミュージアムの仕事に携わっています。それ以外にも様々な仕事をご依頼いただいています。

京急の良さは、勇ましくて男らしいことでしょうね。そして、やさしい。年配の方が乗車するときは待っていてくれたり、沿線で生活していると、お客様を第一にしてくれていることを強く感じるんです。

ひとつ困っているのは、六郷土手は普通列車しか停まらないので終電が早いんです。私の終電がなくなって京急蒲田駅からタクシーに乗って自宅に着いてビール缶をあけると、目の前を最終の特急が通っていく。ちょっと悲しくなります（笑）。

とか言いつつも、京急にこれ以上求めることはありません。今のままでいいんです。今のままで十分素晴らしい。そんな大好きな京急とお仕事ができる。日本で一番幸せな京急ファンは私だ、って大きな声で言いたいですよね。

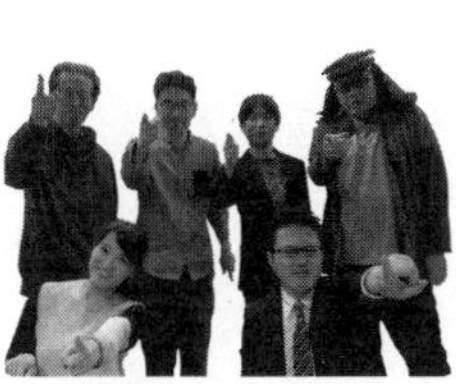

京急鉄道フェア 2018
（2018年12月）

メーカーさんながら、とても芸達者な矢幅さん。鉄道界に入られる前のお話もふくめ、師匠との出会いなど、人生のターニングポイントとなる貴重なルーツに迫れて光栄でした♪

東京都区部の最南端。「六郷土手駅」から降りてすぐ。大田区仲六郷にある「六郷こどもクリニック」の病院の外壁沿いには、かなり精巧なジオラマがある。全長15メートルにも及ぶHOゲージは、仲六郷周辺の街並みを再現している。

昔から京急は身近な存在

クリニック外壁に設置しているジオラマは自動往復運転になっています。ジオラマのテーマですが、クリニックのある「大田区仲六郷の街並み」と架空の街が再現されています。電車は4編成。京急の現在の1000形（1600番台）と東北新幹線、サンライズ出雲、そして山手線が走っています。

この橋脚は六郷土手駅と京急川崎駅間にある多摩川橋梁です。ペンキの色合いも、複数の三角形による骨組のトラス構造もちゃんと再現してもらいました。

実家が蒲田の梅屋敷にあったので、京急は昔から身近にありました。先頭車両に乗って、青物横丁駅から新馬場駅周辺のお墓や、北品川駅から品川駅に入るときの複雑なジョイントを眺めるのが好きでした。

昔は乗り鉄だったので、青春18きっぷを使っていろんなところに行きました。ヨーロッパや中国の鉄道も乗りましたね。結婚して子どもが生まれてからも旅行に行きましたけど、今は一緒に行く機会も減って少し寂しい気もします。

最初はプラレールで……と

この病院を建てたのが5年前。それまでも近くでクリニックを開いていたんですが、すこし手狭だと感じていました。私には働いている親御さんのための病児保育をやりたいという夢がずっとありました。そのためにはやはり、それなりの規模の施設が必要になるので建設を決意しました。現在では大田区で2番目の規模で病児保育を実施しています。

このクリニック建設計画が進んでいるときに、電車の模型が欲しいと思いました。私の友達にそういう趣味の方が多かったんでしょうけど、知り合いの病院を見たら、模型を置いているところがたくさんあっていいなあって。この病院は私の夢。やりたいことを全部やろうと決めたんです。

鉄道模型を置くにあたり、私の中にひとつの確たるイメージがありました。それは、「ぐるぐると回り続ける鉄道模型は作らない」ということ。私の前を走り去って、はるか彼方まで見えなくなる。そんな電車の様子が好きだったからです。

最初は息子が幼い頃に遊んでいたプラレールで安

事務の人は朝来たら
まず模型の出庫ボタンを押します

236

く仕上げるつもりでした。息子の線路と列車を使って、線路の横にはポケモンのフィギュアでも並べようかなと、呑気に考えていたんです。でもプラレールは、くるくる回るのは得意だけれど、あっちへ行ってこっちへ戻ってくるという往復が得意じゃないんです。

そうなったら本格的な鉄道模型しかないですよね。そこで知り合いに紹介されたのが鉄道模型の専門会社のポポプロさんの矢幅さんでした。

いざ見積もりをお願いしたら、想像以上にお高くてビックリ（笑）。でも、夢を叶えるなら出費は惜しんではいけない。プランも予算も矢幅さんにお任せしました。クリニックを建てるうえで借金もしたし、もう怖いものは別にないですから。

模型はクリニック内に設置してもよかったんですが、トイレや階段があって十分な直線距離が取れないんです。

院内に宙吊りするという案もありました。これだとメンテナンスが大変だし、逆に低すぎると子どもが触れて壊してしまう危険があります。ですから、クリニックの設計段階で模型は外部に置こうと。すると今度は設計士が、通常は建物の横にある排水パイプはどうしましょうかと相談してきたので、「ここは模型が走るから譲れない。どうにかしてくださいー」と（苦笑）。模型の横にあるお稲荷さんの赤い鳥居のようなものがありますよね。実はあれは排水パイプなんです。模型を避けるように設置してもらいました。

この場所は誰でも通れるので、夜中は車両が盗まれないように、山のトンネルの中に電車を格納します。格納するためのスイッチもあります。

事務の人は朝クリニックに来たら模型の出庫ボタンを押します。そうすると、トンネル待機からホームポジションに移動するんです。逆に夜中は車庫にしまってから電源を切る。うちのクリニックの事務が、最初に覚える仕事です（笑）。

模型としては過酷な環境

設計図やラフの画面でも見ていたのですが、実際に完成した模型を見たときはびっくりしました。NゲージじゃなくてＨＯゲージのこんな立派なジオラマがまさか自分のものになるとは思っていませんでしたから。

私と夫はとても興奮したんですけど、息子はあまり興味を示してくれなくてちょっと悲しかったですね。諦めきれずしつこく説明を続けていたら、ようやく一言。

「クマに襲われている人がいるけど、その先は行き止まりだから逃げられないねって」

六郷こどもクリニック
ろくごう病児保育室

実はこのジオラマの中にはいろんな物語がつまっているんです。一人一人の表情も豊かで、いくら見ていても飽きません。電車はボタンを押すたびにスタートします。往復で2分かかるんですが、大人も子どもも楽しそうに押しています。

本来、模型は屋内で楽しむもの。でも、ここは湿気もあるし、温度差もある、クーラーもないから、夏場は線路も歪む。模型としてはかなり過酷な環境です。私は模型電車の将来のために、データを残す先駆者だと思っています（笑）。

ジオラマの景色の一部は矢幅さんが定期メンテナンスの一貫で毎月模様替えをしてくれます。どんどん進化していくのが自慢ですね。春になれば、たとえば患者さんに「来月は桜が咲くらしいよ。また来てね」って伝えるんです。

患者さんからの評判はいいですよ。大人にとってはただの模型かもしれないけど、子どもにとっては憧れの風景なんでしょう。ずっと見ていてお母さんに「帰るよ」って怒られているのを見ると微笑ましい気持ちになります。地域の人も散歩がてら楽しんでくれています。院内から外が見えるのですが、楽しそうだなって。

うちの模型は日々進化する

ジオラマに点数をつけるとしたら？　それは100点満点で120点でしょう。だって、他の模型は完成形で、そこからホコリをかぶって朽ちていくだけ。その点、うちのは日々日々進化していきますから、他にない素晴らしいものだと思います。

今は車掌さんのアナウンスや列車の走行音、発車メロディーなどジオラマと連動するサウンド装置の設置を矢幅さんにリクエストしています。でも、こういうオーダーをすると無理難題でも応えてくれるのがすごいですよね。

完成した当初は電車が止まってしまったり、トラブルもありました。でも矢幅さんに連絡すると、すぐに飛んできて直してくれるんです。この模型は子どもを育てるのと同じ。手はかかるけど、成長を見守るのがほんと楽しいんですよ。

子どもを育てるように、成長を見守るのが楽しい

京急ファミリー鉄道フェスタ2019

来場者に聞きました!

5月19日に行われた「京急ファミリー鉄道フェスタ2019」。2万人以上が来場し、大盛況となったイベントに直撃取材! 熱い愛を持った「京急ファン」の方々に、直撃取材してきました!

夢は鉄道デザイナー 好きな駅は堀ノ内

久野　今、何年生ですか?
男の子　3年生です。
久野　そっかそっか、京急は好き? どんなところが?
男の子　う〜ん……。(少し考えてから)特徴がいっぱいあるところ。
久野　例えばどんな特徴があるかな?
男の子　赤いところとか、あとは速いところ。
久野　確かにそうだよね、速くてカッコいいよね。後は京急で、好きな駅とか景色はある?
男の子　好きな駅は堀ノ内駅!
久野　即答!
南田　どうして堀ノ内が好きなの?
男の子　ちょっと、田舎っぽいところ。
久野　田舎っぽいところか(笑)。素

好きな車両は憧れの800形 三浦海岸→三崎口は富士山も見える!

お宝GET!

どこに置くの? とついつい心配になる800形の一枚トビラを購入!

久野　(800形の一枚トビラを見て)これは、狙っていらっしゃった?
男性　狙ってました。やっぱりこの、一枚トビラは数も少ないですし、ちょっと憧れる部分もあったので買っちゃいました。
久野　満足ですか?
男性　そうですね。満足です。
南田　かなり大きいですけど、どこに置くんですか?
男性　いや、それはちょっと……。とりあえず持って帰ります。買うのに精一杯で。
一同　爆笑。
久野　……大丈夫ですか?(笑)ゲットするのに夢中でそこまでは考えられなかった?
男性　……はい(苦笑)。
南田　ご実家暮らしですか?
男性　そうです。
久野　ご家族の理解がないとコレは買えないですよね。あとは、家に入るかどうか……。
男性　電車好きは理解してくれています。家には……多分入るかと。
久野　ご家族も鉄道ファン?
男性　いえ、僕だけです。
久野　京急に魅了される理由は?
男性　やっぱり、古い電車を使っていたり、モノを大切にしているところ。
南田　確かに! 京急で好きな駅はどこですか?
男性　京急蒲田駅ですかね。色々な電車が来るので。
南田　なるほど、立体交差後?
男性　そうですね。
久野　京急で好きな景色はありますか?
男性　三浦海岸から三崎口に向かうところです。天気が良いと富士山も見れるので。
南田　マジですか?
久野　何度も乗っているけど見たことない!
男性　夕方くらいだと、運が良ければ見れますよ。
久野　見たい! ありがとうございます!

小学校3年生の男の子の夢は鉄道のデザイナー！

敵だもんね。景色はどこがいい？

男の子 前面で見る景色。

久野 そっか、やっぱり楽しいもんね前面かぶりつき。例えば東海道線と並走するところとか？

男の子 好き！

久野 例えば前面かぶりつきしやすい電車はどれかな？

男の子 600形と2100形

南田 600？ いいね〜！

久野 南田さんも好きですもんね（笑）。推しの路線はどこかありますか？

男の子 本線。長いから。

久野 そっかそっか、確かに長くてずっと楽しめる。ちなみに、将来の夢はやっぱり鉄道系？

男の子 鉄道のデザイナーになりたいです。

南田 すごい！ どんな電車を作りたいの？

男の子 私鉄が作りたい。

久野 もう、絵とか描いてるとか？

男の子 うん、描いてる。

久野 将来有望！ ありがとうございます！

お宝GET！

バイト代でお宝をゲット！ 座席は実家のリビングに置きます

久野 コレ（座席）は今回お目当ての品ですか？

男性 そうですね、コレが欲しくてきました。値段は1万円です。

久野 1万円!? へー！ ちょっと座ってもいいですか？ 1万円かぁ……（※編注 ちょっと買ってもいいかな……と思い始めている久野氏）。

久野 こちらは？

男性 これは多分、車両から枠だけを取り外して駅名を貼り付けているんだと思うんですけど……。

南田 年季入っていますけど、800形ですかね？

男性 これは、800形ですね。

久野 京急川崎を選んだ理由は？

男性 「京急」の文字が入っているのがこれしか残っていなかったので。あとは押上とか。

久野 あ〜、それは絶対に「京急川崎」ですね！「普通」の表記はあえてですか？

男性 いえ、「特急」「快特」があれば欲しかったんですけど普通しか残ってませんでした……（苦笑）。

久野 なるほど（笑）。ちなみに、座席は置き場所とか考えているんですか？ 結構大きいですけど……。

男性 リビングに置きます。買う前から決めてました。

南田 ご実家ですか？

男性 はい、実家です。

南田 ご家族は何も言わない？

久野 リビングだと結構、景観変わっちゃいますからね。

男性 そこは了承も得ています。親も座ると思います。

南田 これは、お小遣いで？

男性 バイト代で買いました。

久野 月の半分くらいいくんじゃない？

男性 そのくらいはいきますね。でも本当はプラス、マスコンも欲しかったんです。今回、あまり番号が良くなかったので断念しました。

久野 じゃあ、来年リベンジ？

男性 そうですね、またバイトしてお金貯めて……。

久野 ありがとうございました！

バイト代をためて京急グッズを買いに来た男子高校生。京急愛、凄い！

お宝GET！

親子で京急の大ファン！新居に京急グッズを置く！

久野　座席を購入されたんですね⁉　これは、ご自宅で使う？

お父さん　そうですね。リビングに置こうかなと。

南田　ご家族ですよね？　奥さまのご理解は？

お父さん　まぁ、1年くらいかけて。「今度買うよ」って言い続けました。そうしないと怒られちゃうので。

一同　爆笑。

久野　扇風機もありますけど……。

お父さん　コレは脱衣所に置こうと思っています。

南田　これも結構スペースいりますけど、お風呂場は大きい？

お父さん　昨年9月に新築したんで、大丈夫かなと。

久野　それはおめでとうございます！　で、新居に置くために今日はいろいろ買いにいらっしゃった？

お父さん　そうですね。

久野　計画的犯行ですね（笑）。

南田　ちなみに、扇風機はおいくら？

お父さん　3000円です。

久野　安い！　普通に買うより安くないですか？お子さんのお小遣いでも買えちゃう！

息子さん　折半して買いました。

座席はリビングに、扇風機は脱衣所に設置する予定だとか⁉

久野　そっか、そっか。ちなみにこの戦利品たち、何形ですか？

お父さん　どちらも800形です。

南田　やっぱり、時期的にも800形が多いですよね。

久野　親子そろって京急好きなんですね。

お父さん　そうですね、やっぱり。

久野　では最後に、それぞれ好きな駅を教えてください。

お父さん　私は大鳥居かな。地元なので。

息子さん　特に「ココ！」って言われると難しいですけど、三浦海岸とか三崎口はすごく思い出があります。河津桜は毎年みさきまぐろきっぷを買って見に行っているので。

久野　思い出の場所！　ありがとうございます！

兄妹でペアTシャツ！京急は常に身近な存在

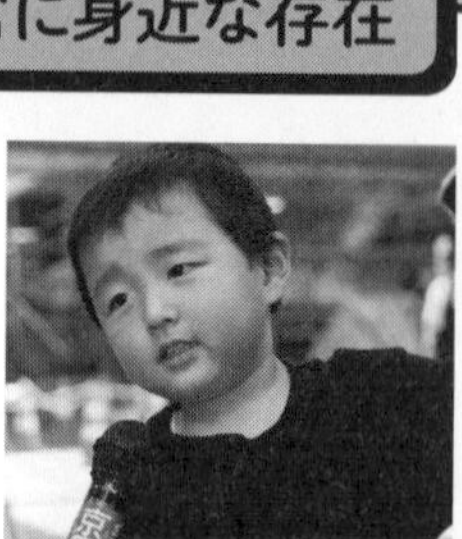

久野　かっこいいTシャツだね〜！京急は好きなの？

男の子　うん、好き。

久野　どんなところが好き？

男の子　2000形もいたり、いっぱいいるところ。

久野　そっか。いっぱい車両があるもんね。どの車両が好き？

京急は車両が可愛い！神奈川新町の車庫がオススメ

久野　鉄道好きカップルですか⁉

男性　そうですね、中でもやはり、京急が好きで。

久野　彼女さんも？

女性　はい、好きです。

久野　「京急推し」の理由は？

男性　僕の地元がもともと黄金町あたりなんです。それもあって。

久野　彼女さんは、やっぱり彼氏さんの影響もあって？

女性　それもありますけど、やっぱり車両が可愛いのが一番の理由ですかね。

久野　どのあたりが可愛いと思う？

カップルで京急ファンという二人。京急レッドが最大の魅力!

女性　色ですかね。

久野　先ほどから気になっているんですが、お二人とも持っているカメラがかなり「ガチ」ですよね。撮り鉄さんですか？

男性　はい、でも「彼氏が好きだから」とか言ってますけど、彼女の方はかなり真剣ですよ（笑）。

久野　京急の魅力、ほかの路線とは違うところってどんなところだと思いますか？

男性　やっぱり京急レッドですかね。着飾りすぎず、地域に根付いているというか。そういうところが魅力的だなと思います。

久野　好きな駅は？

男性　やっぱり、神奈川新町じゃないですかね。

久野　理由は？

男性　車庫があるのは大きいですよね。景色でいうと、八ツ山橋の鉄橋のところとか。

久野　彼女さんは？

女性　彼が全部言ってくれました（笑）。

久野　なるほど。じゃあ、最後に推しの路線を！

男性　本線ですかね。

久野　本線、強いですね！　大師線、いまだゼロ票……（苦笑）。

男性　本線は全部の種別が走って見ごたえあるんですよね。でも、本線から大師線に降りるスロープのところはすごく好きです。

久野　わかる！（笑）

男の子　う〜ん……。

久野　ありすぎて選べないか（笑）。

お父さん　京急全般、好きですね。

南田　お近くにお住まいですか？

お父さん　はい、久里浜です。

久野　あ、Tシャツ、妹さんとお揃い！

お父さん　そうですね、妻が着せたんですけど（笑）。

南田　もしかして、ご家族で鉄道好き？

お父さん　好きというか、地元なので。昔から通学、通勤にずっと使い続けている電車なんですよね。だから、そばにあるのが当たり前なんです。

久野　やっぱり、鉄道熱が高いのはお子さん？

お父さん　そうですね。お兄ちゃんが高熱で妹が高めの微熱です（笑）。

久野　京急以外に好きな電車はあるの？

男の子　し・ん・か・ん・せ・ん！

久野　新幹線か（笑）。かっこいいもんね！

お宝GET！

趣味で800形をシミュレート!!
伝統を引き継いでいるのが最大の魅力

久野　いろいろ買ってらっしゃいますね！
男性　はい、京急が好きで、特に運転席が。
久野　わかります〜！
男性　それで運転席の部品を買って、実際にその部品でシミュレーターを連動させて速度計が動くようにするとかいう改造、製作をやっていて。
久野　それは、趣味で？
男性　はい、趣味ですね。
久野　ご自宅でやられているんですか？
男性　はい、自宅でやっています。
久野　すごい！　ちなみにこの速度計は800形？
男性　そうですね、シミュレーターも今は800形をメインにやっているので。
久野　800形の魅力は？
男性　やっぱり、一番は京急の伝統を引き継いでいるところじゃないですかね。片開きの4ドアっていう。

購入した800形の速度計。本物を使って自宅でシミュレートするという

久野　創業者がこだわった部分。
男性　京急の伝統をしっかりと引き継いだ最後の車両。しっかり、普通で各駅で走ったり、止まったりしながら足で稼ぐ電車というのが魅力的ですね。
久野　今日も結構買われているようですけど、お買い物の総額は？
男性　そんなにいってないです。京急は他と比べて価格がリーズナブル。そこもうれしいです。
南田　そうそう、一般の人はそもそも相場が分からないだろうけど、「え？」っていう値段で売っていたり。
久野　ちなみに、今日の満足度は？
男性　80％ですね。
久野　20％足りない？
男性　欲しかった指令機が手に入らなかったので。そのぶん、マイナスです。
久野　京急にハマったきっかけは？
男性　もともと京急でアルバイトしていたんです。平和島で駅の係員を。ボートレース場があるのでレースのある日は忙しかったりするんですけど、やっぱり楽しくて。そこからどんどんハマっていきました。
久野　好きな車両はやはり800形？
男性　そうですね。
久野　好きな駅、路線は？
男性　駅はやはりきっかけにもなった平和島。路線は本線ですね。
2人　やっぱり！
男性　浦賀まで行くのが、醍醐味ですよね。京急本線で、800形で浦賀まで攻めていくっていうスタイル。
久野　なるほど〜。ありがとうございました！

大学通学で鉄道熱が再燃！秋は品川のイチョウがオススメ

久野　京急に惹かれる理由、京急の魅力を教えてください！
男性　僕は子どもの頃から京急沿線に住んでいて、通学にも京急を使っていたので。その頃は2100形のドレミファがすごく好きで。
南田　なるほど。
男性　今は、800形が好きなんですけど。
久野　戻りましたね？（笑）
男性　2100形がドレミファインバータじゃなくなった辺りからですかね。
久野　鉄道好き自体も、子どもの頃から？
男性　高校時代に一度離れて、大学が少し遠いところにあったので電車で1時間半使って通学していたんです。そこで、熱が復活したというか。
南田　どこからどこまで通われていたんですか？
男性　浦賀から北千住です。京急で品川まで出て、そこから常磐線。
南田　なるほど。好きな駅や景色はありますか？
男性　駅は津久井浜ですかね。高校がそこなので、思い出があるというか。景色でいうと津久井浜と三浦海岸の間の海岸の景色がすごくきれいで気に入っています。あとは金沢文庫と能見台の桜だったり、5月頃なら大岡川のこいのぼりもいいですね。
久野　秋にオススメの景色はありますか？
男性　秋は品川駅じゃないですかね。品川のイチョウがすごくきれいで。
久野　なるほど。ちなみに、推しの路線はどこですか？
男性　やっぱり、本線ですかね。
久野　そこはやはり……。今までいろいろな方に話を聞いても、大師線っておっしゃる方いないんですよ。発祥の地なのになぁ（笑）。

季節ごとに楽しめる景色が変わるのも、京急の魅力のひとつ！

KEIKYU FAN

第2章

京急の魅力、“ちょっと斜め”にご案内します！

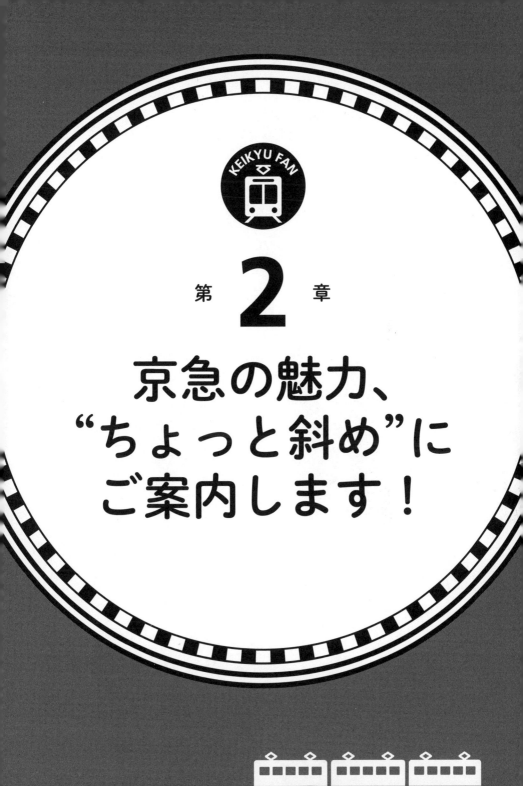

KM 06

廣戸 晶さん

Akira Hiroto

ヴァル研究所

京急のダイヤはほぼ完成形 京急蒲田の乗り換えに注目！

乗り換え検索時に『駅すぱあと』を利用される方も多いのではないだろうか。そのサービスを開発・提供しているヴァル研究所の社員・廣戸晶さんは“乗換BIG4”としてメディアに登場した人物の一人だ。

PROFILE

ヴァル研究所ナビゲーション開発部。主に『駅すぱあと』のエンジン開発を担当している。2019年7月末に放送されたTBS系『マツコの知らない世界』にて乗換BIG4の一人として出演した。

4色ボールペンの色が京急の種別と同じ

小さい頃弘明寺に住んでいて、そこから京急が見えたんです。中学、高校のときは合宿所が三崎口にあったのでよく乗っていましたし、昔から京急には馴染みがありました。

私がよく使う4色ボールペンの色は、京急の種別と同じ構成なんです（黒＝普通、赤＝特急、青＝急行、緑＝快特）。昔から、緑色のあるボールペンを持つと、とりあえず「快特」と書きたくなってしまいます（笑）。

そもそも京急の魅力を説明するのに快特を欠かすことはできません。日中を走る快特のうち2本に1本は、関東の私鉄では珍しいクロスシートを兼ね備えた2100形で運行しています。運転席のすぐ後ろに座席があるので前面展望をしやすく、子ども連れや鉄道ファンに大変人気があります。車両の色も大原則で赤という明確でわかりやすいものがある中で、ブルーやイエローの車両を見たときのラッキー感も京急ならでは、です。車両の種類も京急だけでも多いのに都営線や京成線、北総線の車両が直通してきます。行先の種類も豊富ですよね。

カギとなっているエアポート急行

京急のダイヤの特徴について、まず快特が10分おきに運行するのが、この20年ほど続いています。10年ほど前までは、快特で一気に移動して、通過駅へは途中で普通に乗り換えるのが基本的な形でした。しかし2010年にエアポート急行が登場（急行が停車駅を変えて復活）し、2012年の京急蒲田駅の立体化工事が完了してからはエアポート急行も10分おきに走るようになりました。京急蒲田・金沢八景間は、日中は10分おきに快特・エアポート急行・普通が1本ずつ走る構成です。

実はエアポート急行は現行のダイヤで結構重要な役割を果たしているんですよ。

上りを例に挙げてみましょう。

新逗子を発車して金沢八景から本線に入った後、上大岡で快特を待避しますが、それ以降は快特の待避はありません。

またエアポート急行は、快特通過駅の中でも比較的乗降人員の多い駅を中心に停車しています。より多くの人が早く移動でき、また多くの本数を利用することができるダイヤになっています。

一方で生麦、子安、黄金町、京急富岡をはじめとした、以前走っていた「急行」は停車していたけれど、現在のエアポート急行では通過する駅を利用する場合、少々不便な面もあります。今のダイヤは、上大岡では快特とエアポート急行が緩急接続を行います。なので例えば品川から京急富岡へなるべく早く行きたい場合、快特に乗車して上大岡を降りたところで向かい側にいるのはエアポート急行なので、普通が来るまでさらに5分くらい待たないといけないんです。また普通は南太田で約7分も停車して快特・エアポート急行の2本を連続で通過待ちするので、普通で黄金町から上大岡まで乗車する場合、その時間のうち半分は南太田の停車時間です。

京急蒲田での乗り換えには注意！

京急蒲田駅が現在のような2層構造になると聞いたときは驚きましたが、その前からここでは結構アクロバティックなダイヤが組まれていました。

駅が地上にあったときは、下りが2番線、上りが3番線、そして羽田空港方面への往来を全て1番線で担うような形になっていました。日中でも単線を20分間に上下線3本ずつ・計6本が走っており、これ以上増発が難しい状態でした。そこで、現在の「蒲田要塞」とも呼ばれるような2層式の構造にすることで羽田方面へより多くの列車を走らせることができるようになりました。

3階建てになったことで、羽田空港行きの電車が1番線（3階）と4番線（2階）の両方から出るので、羽田方面に向かう乗客は、2階と3階のどちらに行ったらいいのか迷う方もいらっしゃるでしょうね。電光掲示板には丁寧に案内が表示されていますが、乗り換えが心配な方は最初から羽田空港行きの快特やエアポート快特、エアポート急行に乗っていくのがオススメ。ひとつ注意しなければいけないのは、品川方面から羽田空港に向かう列車のうち、日中40分に1本あるエアポート快特が京急蒲田を通過することです。

横浜方面から羽田空港に向かうにはエアポート急行に乗るのが基本ですが、それよりもそのあとの快特に乗って京急蒲田で乗り換えたほうが早いだろうと思う方もいらっしゃるかもしれません。しかし、タイミングによっては京急蒲田でうまく接続できないんです。

具体例を挙げてみましょう。平日10時51分に金沢八景を出るエアポート急行と55分に出る京成高砂行きの快特があります。出発時刻だけ見ると、あとに出る快特に乗ったほうが、京急蒲田を経由して早く羽田へ着くと考える人もいるかもしれません。

ところが、快特は11時24分に京急蒲田に着くものの、その時間は品川からのエアポート快特が京急蒲田を通過するため、うまく接続できません。金沢八

快特で一気に移動して、普通やエアポート急行に乗り換えるのが基本

貸 切
064
1000

景を10時40分に出るエアポート急行も京急蒲田を11時24分に出ますから、ギリギリで接続できません。

結局、11時33分京急蒲田着の、金沢八景を10時51分に出たエアポート急行に乗ることになります。先に出る快特に乗っても、後に出るエアポート急行を待たなければいけないんです。横浜方面から羽田へ向かう方は、羽田への直通電車に乗るのが確実だと思います。

京急蒲田でもうひとつ注意したいのは、普通からの乗り換えですね。３番線と６番線の横浜方面側が切り欠けになっていて、切り欠けた部分に２番線と５番線は日中、京急蒲田終着・始発の普通列車が停車する他、ラッシュ時間帯に普通が快特や特急を待避する場合に停車します。このとき、例えば快特や特急の品川寄りに乗ってしまうと、京急蒲田で普通に乗り換えるときにかなり移動しなければならなくなります。

ダイヤ以外で京急蒲田へ行ったときに見てほしいのは、羽田から来た電車と羽田へ向かう電車が上下ですれちがうところです。駅前のペデストリアンデッキからよく見えると思いますが、上下でのすれちがいはなかなか見られない光景ですよ。

普通の所要時間が上下線でちがう!?

ダイヤの話に戻すと、上下線の普通で所要時間に差があります。

11時19分に品川を出る浦賀行きの普通は13時22分浦賀着。所要時間２時間３分です。一方、上りは11時17分に浦賀を出る品川行きの普通が品川に着くのは13時９分。所要時間、１時間52分です。上下線で13分もちがいます。

浦賀と横浜の間は上下線で所要時間の差はありません。品川と横浜の間で差が生まれています。待避の回数は上下線で同じですが、鮫洲、平和島、京急蒲田、京急川崎、神奈川新町で下りのほうが上りよりも長く停車します。上下線でこれほど所要時間に差が出るのも不思議な話ですね。

八丁畷での乗り換えが好き

京急の駅とＪＲの駅は少し距離があるケースが多いですよね。そのなかでは、花月園前駅とＪＲ鶴見線の国道駅が結構近いです。知っている方は知っている話だと思いますけど、充分乗り換え可能な距離。鶴見線から京急の横浜方面へ行くときに使えるちょっとした裏技です。

上下線で所要時間に差が出るのも珍しい

蒲田トラップ

	種別	ｴｱﾎﾟｰﾄ急行	快特		ｴｱﾎﾟｰﾄ急行	快特	
駅名	行先	羽田国内	泉岳寺		羽田国内	京成高砂	駅名
金沢八景	着	1040	1045		1050	1055	
	発	1041	1045		1051	1055	
金沢文庫	着	1043	1047		1053	1057	
	発	1044	1048		1054	1058	
能見台		1046	↓		1056	↓	
京急富岡		↓	↓		↓	↓	
杉田		1049	↓		1059	↓	
屏風浦		↓	↓		↓	↓	
上大岡	着	1053	1054		1103	1104	
	発	1056	1055		1106	1105	
弘明寺		1058	↓		1108	↓	
井土ヶ谷		1100	↓		1110	↓	
南太田		↓	↓		↓	↓	
黄金町		↓	↓		↓	↓	
日ノ出町		1104	↓		1114	↓	
戸部		↓	↓		↓	↓	
横浜	着	1107	1103		1117	1113	
	発	1108	1104		1118	1114	
神奈川		↓	↓		↓	↓	
仲木戸		1110	↓		1120	↓	
神奈川新町	着	1111	↓		1121	↓	
	発	1112	↓		1122	↓	
子安		↓	↓		↓	↓	
京急新子安		↓	↓		↓	↓	
生麦		↓	↓		↓	↓	
花月園前		↓	↓		↓	↓	
京急鶴見	着	1115	↓		1125	↓	
	発	1116	↓		1126	↓	
鶴見市場		↓	↓		↓	↓	
八丁畷		↓	↓		↓	↓	
京急川崎	着	1118	1111		1128	1121	
	発	1119	1111		1129	1121	
六郷土手		↓	↓	快特	↓	↓	ｴｱﾎﾟｰﾄ快特
雑色		↓	↓	羽田国内	↓	↓	羽田国内
品川	発	‖	‖	1113	‖	‖	1123
京急蒲田	着	1123	1114	1120	1133	1124	↓
	発	1124	1115	1120	1134	1125	↓
羽田国際		1132		1126	1142		1135
羽田国内		1135		1128	1146		1137

京急蒲田で乗換ができるパターン

京急蒲田で乗換ができないパターン

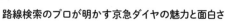

個人的には八丁畷での乗り換えが好きです。南武支線との乗り換え駅ですが、地方でよく見かけるICカードをタッチする簡易的な機械があるんですよ。京急では珍しい、ローカルな電車と直で接続している駅です。

それと昔、根岸線を使っていたときに新杉田と洋光台間で京急とJRが交差するところがあるんですが、そこに乗り換え駅ができないかなと思ったことがありました。すぐ近くにある杉田と新杉田で乗り換える人が既に多いですし、交差する場所は高低差もかなりあったので実現は難しいと思いますが、そんな妄想をしたこともありました（笑）。

今後の京急への期待ですか？　来年に予定されている駅名変更が、直近では大きな話題ですよね。私としては逗子・葉山行きが誕生するのは楽しみです。

ダイヤに関してはほぼ完成形ではないかと思っています。これ以上の要望を上げにくいほど、様々な工夫と配慮がされて、安全で確実に運行されていると思いますから。今後、他の鉄道会社の動向次第でそのときに京急がどんな手を打ってくるのか。そこは非常に興味深いところです。

珍しい上下でのすれちがい。上が羽田方面、下が京急蒲田へ。

普通、上下で所要時間に差がある

下り			上り	
駅名	発車時刻		発車時刻	駅名
品川	1119		1117	浦賀
北品川	1121		1119	馬堀海岸
新馬場	1122		1121	京急大津
青物横丁	1124		1127	堀ノ内
鮫洲	1126		1129	県立大学
立会川	1128		1131	横須賀中央
大森海岸	1130		1132	汐入
平和島	1134		1134	逸見
大森町	1135		1136	安針塚
梅屋敷	1136		1138	京急田浦
京急蒲田	1141		1140	追浜
雑色	1142		1143	金沢八景
六郷土手	1144		1149	金沢文庫
京急川崎	1152		1151	能見台
八丁畷	1154		1153	京急富岡
鶴見市場	1155		1155	杉田
京急鶴見	1157		1157	屏風浦
花月園前	1158		1201	上大岡
生麦	1202		1203	弘明寺
京急新子安	1204		1204	井土ヶ谷
子安	1206		1212	南太田
神奈川新町	1214		1214	黄金町
仲木戸	1215		1215	日ノ出町
神奈川	1217		1217	戸部
横浜	1218		1220	横浜
戸部	1221		1221	神奈川
日ノ出町	1223		1223	仲木戸
黄金町	1224		1225	神奈川新町
南太田	1233		1227	子安
井土ヶ谷	1234		1229	京急新子安
弘明寺	1236		1230	生麦
上大岡	1239		1232	花月園前
屏風浦	1242		1240	京急鶴見
杉田	1243		1241	鶴見市場
京急富岡	1246		1243	八丁畷
能見台	1247		1245	京急川崎
金沢文庫	1250		1247	六郷土手
金沢八景	1257		1248	雑色
追浜	1259		1251	京急蒲田
京急田浦	1301		1252	梅屋敷
安針塚	1304		1254	大森町
逸見	1306		1257	平和島
汐入	1307		1259	大森海岸
横須賀中央	1309		1301	立会川
県立大学	1310		1304	鮫洲
堀ノ内	1317		1305	青物横丁
京急大津	1318		1307	新馬場
馬堀海岸	1320		1308	北品川
浦賀	1322		1309	品川

オススメの景色は？
仕事をしていて良かったと思うことは？

京急の運転士さんに聞いてみました!!

毎日、安全で快適な運転で私たち乗客を目的地へ連れて行ってくれる運転士さん。普段どのような思いで運転されているのか、実際の声を聞いてみたい！

そこで京急の現役運転士、約30名の皆さんにアンケートを実施。「オススメの景色」など、なかなか知ることができない貴重な情報ばかりです。

「オススメの景色」について｜安全運転が大前提という上で、運転中に見える景色という意味で伺っています。

運転士さん1人目の声

❶ 運転士の仕事を始めて、何年目になりますか？
❷ 運転士の仕事をしたいと思ったきっかけを教えてください。
❸ 運転士の仕事の魅力はどこにありますか？
❹ お客様に対して、どのような点に気を付けて運転されていますか？
❺ 運転士の仕事をしていて、一番良かったと思うとき、もしくは忘れられない出来事があれば教えてください。
❻ 京急で運転している中で、オススメの景色はありますか？その理由をお聞かせください。
❼ 食事について伺います。神奈川新町駅付近では「なりこま家」（定食屋）、金沢文庫駅付近では「みなみ」（ラーメン屋）がオススメと伺いましたが、ご利用になられたことはありますか？　オススメの定食を教えてください。

❶ 16年目。
❷ 小さな頃からかっこいいと思ったから。
❸ 誰もが出来ることではなく選ばれた人だけが出来るところ。
❹ お客様を無事に目的地に着けるよう安全に気を付けて運転している。
❺ 子供から「ありがとう」「頑張って」と言われたとき。
❻【好きな景色】三浦海岸～三崎口駅間から見える富士山。【好きな理由】雲一つ無く見える富士山がきれいな為。
❼ なりこま家→ハンバーグ定食。みなみ→うまに丼セット。

運転士さん2人目の声

❶ 運転士の仕事を始めて、何年目になりますか？
❷ 運転士の仕事をしたいと思ったきっかけを教えてください。
❸ 運転士の仕事の魅力はどこにありますか？
❹ お客様に対して、どのような点に気を付けて運転されていますか？
❺ 運転士の仕事をしていて、一番良かったと思うとき、もしくは忘れられない出来事があれば教えてください。
❻ 京急で運転している中で、オススメの景色はありますか？その理由をお聞かせください。
❼ 食事について伺います。神奈川新町駅付近では「なりこま家」（定食屋）、金沢文庫駅付近では「みなみ」（ラーメン屋）がオススメと伺いましたが、ご利用になられたことはありますか？　オススメの定食を教えてください。

❶ 8年目。
❷ 父親が他社で運転士をやっていた姿を見て決めました。
❸ お客様の目的地まで命をあずかる重要な仕事です。やはり子供達からの人気はある仕事だと思います。
❹ 快適な空間、安心感を与えるよう気を付けている。鉄道の安全性が伝わってほしいです。
❺ 2011.3.11、東日本大震災の日、私は見習い運転士で乗務中であった。勾配で急停止したため旅客を非難ハシゴにて降車させた後、私達は次の日（3/12）の朝まで担当した列車の中で過ごしました。電気も通ってないので凍える思いをしました。
❻【好きな景色】空気が澄んでいる時の津久井浜～三浦海岸駅間。【好きな理由】対岸（千葉県）がキレイに見えます。
❼ なりこま家→スタミナ丼（大盛で！）。みなみ→Cランチ（チャーハン・小ラーメン）で間違いなしです。

運転士さん3人目の声

❶ 運転士の仕事を始めて、何年目になりますか？
❷ 運転士の仕事をしたいと思ったきっかけを教えてください。
❸ 運転士の仕事の魅力はどこにありますか？
❹ お客様に対して、どのような点に気を付けて運転されていますか？
❺ 運転士の仕事をしていて、一番良かったと思うとき、もしくは忘れられない出来事があれば教えてください。
❻ 京急で運転している中で、オススメの景色はありますか？その理由をお聞かせください。
❼ 食事について伺います。神奈川新町駅付近では「なりこま家」（定食屋）、金沢文庫駅付近では「みなみ」（ラーメン屋）がオススメと伺いましたが、ご利用になられたことはありますか？　オススメの定食を教えてください。

❶ 16年目。
❷ この会社に入社して、運転士にならなければもったいないと思った。
❸ 常に先頭！
❹ 眠っているお客様を起こさない。
❺ 快適な運転で安心して寝てもらえたこと。
❻【好きな景色】津久井浜～三浦海岸駅間。【好きな理由】山間部が開け海が見えるから。
❼ なりこま家→からあげ弁当大盛り（弁当に限る）。みなみ→つけめん＋背脂増し（+50円）。背脂増しはメニューには載ってない（みなみ通？）。

運転士さん4人目の声

❶ 運転士の仕事を始めて、何年目になりますか？
❷ 運転士の仕事をしたいと思ったきっかけを教えてください。
❸ 運転士の仕事の魅力はどこにありますか？
❹ お客様に対して、どのような点に気を付けて運転されていますか？
❺ 運転士の仕事をしていて、一番良かったと思うとき、
もしくは忘れられない出来事があれば教えてください。
❻ 京急で運転している中で、オススメの景色はありますか？
その理由をお聞かせください。
❼ 食事について伺います。
神奈川新町駅付近では「なりこま家」（定食屋）、金沢文庫駅付近では「みなみ」（ラーメン屋）がオススメと伺いましたが、ご利用になられたことはありますか？　オススメの定食を教えてください。

❶ 14年目。
❷ 高校のときに就職先でこの会社があったため。
❸ やはり運転の難しさです。
❹ 衝動のない、車内事故のない運転です。
❺ 【回答なし】
❻ 【好きな景色】冬の晴れたときに、三崎口駅から見れる富士山。
【好きな理由】くっきりと見えるところです。
❼ なりこま家→ハンバーグ定食。
みなみ→チャーハン＋半ラーメン。

降車されたお客様に“快適だったよ”と言っていただけたことです

運転士さん5人目の声

❶ 運転士の仕事を始めて、何年目になりますか？
❷ 運転士の仕事をしたいと思ったきっかけを教えてください。
❸ 運転士の仕事の魅力はどこにありますか？
❹ お客様に対して、どのような点に気を付けて運転されていますか？
❺ 運転士の仕事をしていて、一番良かったと思うとき、
もしくは忘れられない出来事があれば教えてください。
❻ 京急で運転している中で、オススメの景色はありますか？
その理由をお聞かせください。
❼ 食事について伺います。
神奈川新町駅付近では「なりこま家」（定食屋）、金沢文庫駅付近では「みなみ」（ラーメン屋）がオススメと伺いましたが、ご利用になられたことはありますか？　オススメの定食を教えてください。

❶ 3年目。
❷ 公共交通機関として社会に貢献しているからです。
❸ 安全を守る最後の砦であり、何百万人ものお客様の命を預かっている責任感です。
❹ 快適に乗車していただけるように、衝動防止に気を付けて運転しています。
❺ 降車されたお客様に“快適だったよ”と言っていただけたことです。
❻ 【好きな景色】新馬場～青物横丁駅間上り線のビル群。
【好きな理由】夜になると、品川駅周辺のビルの夜景がきれいな為。
❼ 利用したことがあります。
なりこま家→ハンバーグ。
みなみ→のり正油ラーメン。

運転士さん6人目の声

❶ 運転士の仕事を始めて、何年目になりますか？
❷ 運転士の仕事をしたいと思ったきっかけを教えてください。
❸ 運転士の仕事の魅力はどこにありますか？
❹ お客様に対して、どのような点に気を付けて運転されていますか？
❺ 運転士の仕事をしていて、一番良かったと思うとき、もしくは忘れられない出来事があれば教えてください。
❻ 京急で運転している中で、オススメの景色はありますか？ その理由をお聞かせください。
❼ 食事について伺います。
神奈川新町駅付近では「なりこま家」（定食屋）、金沢文庫駅付近では「みなみ」（ラーメン屋）がオススメと伺いましたが、ご利用になられたことはありますか？　オススメの定食を教えてください。

❶ 8年目。
❷ 大きなものを動かしてみたかったから。
❸ 鉄道の仕事の中でも花形であるといえる。
❹ 自分の家族が乗っていると思って丁寧に運転することを心掛けている。
❺ 子供に手を振ってもらえるとき。
❻ 【好きな景色】鶴見～横浜駅間。
【好きな理由】JR線と併走し、快特を運転している時など京急は速いと感じるから。
❼ なりこま家→だんとつ!　ハンバーグ定食（肉増し）。
みなみ→肉うま煮セット。

運転士さん7人目の声

❶ 運転士の仕事を始めて、何年目になりますか？
❷ 運転士の仕事をしたいと思ったきっかけを教えてください。
❸ 運転士の仕事の魅力はどこにありますか？
❹ お客様に対して、どのような点に気を付けて運転されていますか？
❺ 運転士の仕事をしていて、一番良かったと思うとき、もしくは忘れられない出来事があれば教えてください。
❻ 京急で運転している中で、オススメの景色はありますか？ その理由をお聞かせください。
❼ 食事について伺います。
神奈川新町駅付近では「なりこま家」（定食屋）、金沢文庫駅付近では「みなみ」（ラーメン屋）がオススメと伺いましたが、ご利用になられたことはありますか？　オススメの定食を教えてください。

❶ 6年目。
❷ 幼心。
❸ 子供達のヒーロー。
❹ 揺らさない。
❺ 独り立ちして初めて、ノッチを入れた瞬間。
❻ 【好きな景色】沿線のいろんな所で見られる富士山。
【好きな理由】心の拠り所。
❼ なりこま家→カルビ丼。
みなみ→卵きくらげ定食。

運転士の魅力は鉄道の仕事の中でも花形であるといえる

運転士さん8人目の声

❶ 運転士の仕事を始めて、何年目になりますか?
❷ 運転士の仕事をしたいと思ったきっかけを教えてください。
❸ 運転士の仕事の魅力はどこにありますか?
❹ お客様に対して、どのような点に気を付けて運転されていますか?
❺ 運転士の仕事をしていて、一番良かったと思うとき、
もしくは忘れられない出来事があれば教えてください。
❻ 京急で運転している中で、オススメの景色はありますか?
その理由をお聞かせください。
❼ 食事について伺います。
神奈川新町駅付近では「なりこま家」(定食屋)、金沢文庫駅付近では「みなみ」(ラーメン屋)がオススメと伺いましたが、ご利用になられたことはありますか? オススメの定食を教えてください。

❶ 5年目。
❷ 子供の頃からの憧れ。
❸ 自分で考えた運転ができること。
❹ 乗り心地。
❺ 子供から手を振られたとき。
❻ 【好きな景色】冬、三浦海岸～三崎口駅間。
【好きな理由】富士山がきれい。
❼ あります。
なりこま家→ハンバーグ定食。
みなみ→スタミナ定食。

運転士さん9人目の声

❶ 運転士の仕事を始めて、何年目になりますか?
❷ 運転士の仕事をしたいと思ったきっかけを教えてください。
❸ 運転士の仕事の魅力はどこにありますか?
❹ お客様に対して、どのような点に気を付けて運転されていますか?
❺ 運転士の仕事をしていて、一番良かったと思うとき、
もしくは忘れられない出来事があれば教えてください。
❻ 京急で運転している中で、オススメの景色はありますか?
その理由をお聞かせください。
❼ 食事について伺います。
神奈川新町駅付近では「なりこま家」(定食屋)、金沢文庫駅付近では「みなみ」(ラーメン屋)がオススメと伺いましたが、ご利用になられたことはありますか? オススメの定食を教えてください。

❶ 11年目。
❷ 車掌時代に自分自身で運転をしてみたいと思った為。
❸ 制服を着て運転している立場の自分に対して子供が純粋な気持ちで手を振ってくれる事。
❹ 極力、衝動のないように、乗り心地の良いようにと思って運転しています。
❺ お客様に「快適な旅をありがとう」と言われ、感謝されたとき。
❻ 【好きな景色】南太田～日ノ出町駅間川沿いの桜。
【好きな理由】冬の寒さも終了し良い時期が到来したなと感じる為。
❼ なりこま家→からあげ定食。
みなみ→ラーメンばかりで定食は食べないです。

運転士さん10人目の声

❶ 運転士の仕事を始めて、何年目になりますか?
❷ 運転士の仕事をしたいと思ったきっかけを教えてください。
❸ 運転士の仕事の魅力はどこにありますか?
❹ お客様に対して、どのような点に気を付けて運転されていますか?
❺ 運転士の仕事をしていて、一番良かったと思うとき、
もしくは忘れられない出来事があれば教えてください。
❻ 京急で運転している中で、オススメの景色はありますか?
その理由をお聞かせください。
❼ 食事について伺います。
神奈川新町駅付近では「なりこま家」(定食屋)、金沢文庫駅付近では「みなみ」(ラーメン屋)がオススメと伺いましたが、ご利用になられたことはありますか? オススメの定食を教えてください。

❶ 1年目。
❷ 幼い頃からの夢だったため。
❸ 自分の手で電車を操縦しているという実感を感じられるところ。
❹ また利用したいと思っていただけるよう特に乗り心地に気を付けて運転しています。
❺ とある駅で停車中にお子様から「運転士さんがんばって」と声をかけられたとき。
❻ 【好きな景色】早朝の馬堀海岸駅のホームから見える富士山。
【好きな理由】1日の始まりの朝にきれいな富士山を見ると心がスッキリするため。
❼ なりこま家→ジャンボメンチ&からあげ定食。
みなみ→チャーハンです。

1日の始まりの朝にきれいな富士山を見ると心がスッキリする

運転士さん11人目の声

Q
1. 運転士の仕事を始めて、何年目になりますか?
2. 運転士の仕事をしたいと思ったきっかけを教えてください。
3. 運転士の仕事の魅力はどこにありますか?
4. お客様に対して、どのような点に気を付けて運転されていますか?
5. 運転士の仕事をしていて、一番良かったと思うとき、もしくは忘れられない出来事があれば教えてください。
6. 京急で運転している中で、オススメの景色はありますか? その理由をお聞かせください。
7. 食事について伺います。神奈川新町駅付近では「なりこま家」(定食屋)、金沢文庫駅付近では「みなみ」(ラーメン屋)がオススメと伺いましたが、ご利用になられたことはありますか?　オススメの定食を教えてください。

A
1. 14年目。
2. 父親が京急の車掌をやっていた。小さい頃の夢だった。
3. 直接お客様と接し、汗を流して現場で働くこと。
4. 時間通りの運転と乗り心地。
5. 小さな子供に手を振られるとき。東日本大震災時の対応は忘れられない。
6. 【好きな景色】YRP野比～京急久里浜駅間のトンネルを抜けた後の正面の景色。
【好きな理由】ジェットコースターのような一気に開けた感じ。
【好きな景色】津久井浜～三浦海岸、進行方向向かって左側。
【好きな理由】海が見える。
7. 数えきれない程、行っております。みなみは仕事後にも1杯行くほど。なりこま家→塩焼肉定食。みなみ→スタミナセット(昼のみ)、のり正油ラーメン、肉野菜つけめん。

運転士さん12人目の声

Q
1. 運転士の仕事を始めて、何年目になりますか?
2. 運転士の仕事をしたいと思ったきっかけを教えてください。
3. 運転士の仕事の魅力はどこにありますか?
4. お客様に対して、どのような点に気を付けて運転されていますか?
5. 運転士の仕事をしていて、一番良かったと思うとき、もしくは忘れられない出来事があれば教えてください。
6. 京急で運転している中で、オススメの景色はありますか? その理由をお聞かせください。
7. 食事について伺います。神奈川新町駅付近では「なりこま家」(定食屋)、金沢文庫駅付近では「みなみ」(ラーメン屋)がオススメと伺いましたが、ご利用になられたことはありますか?　オススメの定食を教えてください。

A
1. 13年目。
2. 特にないです。
3. 小さな子供達に夢をあたえられる点。
4. いつでも安心して乗車いただける様に努めている。
5. 自分の仕事をしている姿を自分の子供達に見てもらえるのはとても良かったと思う。
6. 【好きな景色】桜が満開時の上り京急富岡駅発車～トンネル出口
【好きな理由】トンネルを出た直後、桜のトンネルに入っていく様に見えてキレイ!!
7. みなみの「セット」はお得感があってなんでもオススメです!!

運転士さん13人目の声

❶ 運転士の仕事を始めて、何年目になりますか？
❷ 運転士の仕事をしたいと思ったきっかけを教えてください。
❸ 運転士の仕事の魅力はどこにありますか？
❹ お客様に対して、どのような点に気を付けて運転されていますか？
❺ 運転士の仕事をしていて、一番良かったと思うとき、
もしくは忘れられない出来事があれば教えてください。
❻ 京急で運転している中で、オススメの景色はありますか？
その理由をお聞かせください。
❼ 食事について伺います。
神奈川新町駅付近では「なりこま家」（定食屋）、金沢文庫駅付近では「みなみ」（ラーメン屋）がオススメと伺いましたが、ご利用になられたことはありますか？　オススメの定食を教えてください。

❶ 7年目。
❷ 助役に運転士登用試験の書類をもらったため。
❸ 【回答なし】
❹ 衝動の無い運転。
❺ ミスをしたとき。
❻ 【好きな景色】前方注視をしているので景色は見ていません。
【好きな理由】【回答なし】
❼ ありますが、特にオススメはありません。

運転士さん14人目の声

❶ 運転士の仕事を始めて、何年目になりますか？
❷ 運転士の仕事をしたいと思ったきっかけを教えてください。
❸ 運転士の仕事の魅力はどこにありますか？
❹ お客様に対して、どのような点に気を付けて運転されていますか？
❺ 運転士の仕事をしていて、一番良かったと思うとき、
もしくは忘れられない出来事があれば教えてください。
❻ 京急で運転している中で、オススメの景色はありますか？
その理由をお聞かせください。
❼ 食事について伺います。
神奈川新町駅付近では「なりこま家」（定食屋）、金沢文庫駅付近では「みなみ」（ラーメン屋）がオススメと伺いましたが、ご利用になられたことはありますか？　オススメの定食を教えてください。

❶ 2年目。
❷ 駅係員をしていた時にホームで女性運転士を見かけて憧れを抱いた。
❸ 仕事をしている姿を人に見てもらうことができるところ。
❹ ブレーキ操作時、発車時衝動が生まれないよう気を付けている。
❺ 女性運転士がまだ少ないこともあり子供からご年配の方までたくさんお客様からお声かけいただき励みになっています。
❻ 【好きな景色】日ノ出町〜黄金町駅間で見られるランドマークタワー。【好きな理由】小さい頃から京急を利用しており初めてランドマークタワーを間近で見た感動が忘れられない為。
特に夜のランドマークタワーを見るのが好きです。
❼ 利用したことがある。なりこま家→ハンバーグ定食。
みなみ→うま煮丼セット。

運転士さん15人目の声

❶ 運転士の仕事を始めて、何年目になりますか？
❷ 運転士の仕事をしたいと思ったきっかけを教えてください。
❸ 運転士の仕事の魅力はどこにありますか？
❹ お客様に対して、どのような点に気を付けて運転されていますか？
❺ 運転士の仕事をしていて、一番良かったと思うとき、
もしくは忘れられない出来事があれば教えてください。
❻ 京急で運転している中で、オススメの景色はありますか？
その理由をお聞かせください。
❼ 食事について伺います。
神奈川新町駅付近では「なりこま家」（定食屋）、金沢文庫駅付近では「みなみ」（ラーメン屋）がオススメと伺いましたが、ご利用になられたことはありますか？　オススメの定食を教えてください。

❶ 3年目。
❷ 鉄道会社に入らないと出来ないからしたいと思った。
❸ 巨体の鉄のかたまりを動かせること。
❹ 定時運行。
❺ 思いつかない。
❻ 【好きな景色】すべて。
【好きな理由】【回答なし】
❼ 数回行ったことがある。

運転士さん16人目の声

❶ 運転士の仕事を始めて、何年目になりますか？
❷ 運転士の仕事をしたいと思ったきっかけを教えてください。
❸ 運転士の仕事の魅力はどこにありますか？
❹ お客様に対して、どのような点に気を付けて運転されていますか？
❺ 運転士の仕事をしていて、一番良かったと思うとき、もしくは忘れられない出来事があれば教えてください。
❻ 京急で運転している中で、オススメの景色はありますか？その理由をお聞かせください。
❼ 食事について伺います。
神奈川新町駅付近では「なりこま家」（定食屋）、金沢文庫駅付近では「みなみ」（ラーメン屋）がオススメと伺いましたが、ご利用になられたことはありますか？　オススメの定食を教えてください。

❶ 4年目。
❷ 幼き頃より鉄道が好きで、地元を走る京急の運転士に憧れて、夢が叶い運転士になりました。
❸ 大好きな電車を運転できること、鉄道職員の中でも花形であることです。
❹ ブレーキ操作時は、衝動の無いように努めています。
❺ 大雪に伴う視界不良の中、無事に運転できたことです。
❻ 【好きな景色】春、三浦海岸～三崎口駅間の阿津桜。
【好きな理由】一足早い春の訪れを感じることができる。普通の桜とは違い濃いピンク色であること。
❼ なりこま家→ハンバーグ定食。
みなみ→つけめんセットです。

運転士さん17人目の声

❶ 運転士の仕事を始めて、何年目になりますか？
❷ 運転士の仕事をしたいと思ったきっかけを教えてください。
❸ 運転士の仕事の魅力はどこにありますか？
❹ お客様に対して、どのような点に気を付けて運転されていますか？
❺ 運転士の仕事をしていて、一番良かったと思うとき、もしくは忘れられない出来事があれば教えてください。
❻ 京急で運転している中で、オススメの景色はありますか？その理由をお聞かせください。
❼ 食事について伺います。
神奈川新町駅付近では「なりこま家」（定食屋）、金沢文庫駅付近では「みなみ」（ラーメン屋）がオススメと伺いましたが、ご利用になられたことはありますか？　オススメの定食を教えてください。

❶ 6年目。
❷ 京急に入社したからには会社の顔でもある運転士になりたかったです。
❸ 朝のラッシュ時の12両編成、2000人近く乗車されている列車を運転すること、本当に魅力です。
❹ 優しいブレーキで快適にご乗車していただくことです。
❺ 2才の子供がいますが、家族で運転台の後ろに入ってきたときはうれしかったです。
❻ 【好きな景色】日ノ出町～黄金町駅間（海側）。【好きな理由】京急の本社はじめ、みなとみらい地区で多くのビルが建設中で日に日に完成していくのが見れます。完成後は夜景がきれいになると思います。
❼ みなみ→Cランチ（チャーハン、半ラーメン）背油味、チャーハン（大）。980円。

加速時、減速時に衝動ができるだけ起こらないようにしています

ラッシュ時、"2000人"近く乗車されている列車を運転することは魅力です

運転士さん18人目の声

❶ 運転士の仕事を始めて、何年目になりますか？
❷ 運転士の仕事をしたいと思ったきっかけを教えてください。
❸ 運転士の仕事の魅力はどこにありますか？
❹ お客様に対して、どのような点に気を付けて運転されていますか？
❺ 運転士の仕事をしていて、一番良かったと思うとき、もしくは忘れられない出来事があれば教えてください。
❻ 京急で運転している中で、オススメの景色はありますか？その理由をお聞かせください。
❼ 食事について伺います。
神奈川新町駅付近では「なりこま家」（定食屋）、金沢文庫駅付近では「みなみ」（ラーメン屋）がオススメと伺いましたが、ご利用になられたことはありますか？　オススメの定食を教えてください。

❶ 6年目。
❷ 試験があった為。
❸ 景色が変わるため時間が早く過ぎる。
❹ 定時運行。
❺ 無事に仕事が終わったとき。
❻ 【好きな景色】三浦～三崎口駅間山側、冬の富士山。
【好きな理由】空気がキレイでよく見える為。
❼ みなみ→スタミナセット背油。

運転士さん19人目の声

❶ 運転士の仕事を始めて、何年目になりますか？
❷ 運転士の仕事をしたいと思ったきっかけを教えてください。
❸ 運転士の仕事の魅力はどこにありますか？
❹ お客様に対して、どのような点に気を付けて運転されていますか？
❺ 運転士の仕事をしていて、一番良かったと思うとき、もしくは忘れられない出来事があれば教えてください。
❻ 京急で運転している中で、オススメの景色はありますか？その理由をお聞かせください。
❼ 食事について伺います。
神奈川新町駅付近では「なりこま家」（定食屋）、金沢文庫駅付近では「みなみ」（ラーメン屋）がオススメと伺いましたが、ご利用になられたことはありますか？　オススメの定食を教えてください。

❶ 11年目。
❷ 乗り物の運転する事が好きな為。
❸ 普通では運転できない物を運転できる事。
❹ 節度ある運転姿勢。
❺ 【回答なし】
❻ 【好きな景色】三浦～三崎口駅間。
【好きな理由】桜がきれい。
❼ みなみ→スタミナセット。

運転士さん20人目の声

❶ 運転士の仕事を始めて、何年目になりますか？
❷ 運転士の仕事をしたいと思ったきっかけを教えてください。
❸ 運転士の仕事の魅力はどこにありますか？
❹ お客様に対して、どのような点に気を付けて運転されていますか？
❺ 運転士の仕事をしていて、一番良かったと思うとき、もしくは忘れられない出来事があれば教えてください。
❻ 京急で運転している中で、オススメの景色はありますか？その理由をお聞かせください。
❼ 食事について伺います。神奈川新町駅付近では「なりこま家」（定食屋）、金沢文庫駅付近では「みなみ」（ラーメン屋）がオススメと伺いましたが、ご利用になられたことはありますか？　オススメの定食を教えてください。

❶ 12年目。
❷ 幼少期の夢だった。
❸ 車の運転と違って、鉄道の運転士は誰でも（運転士の職種に）なれるものではない。又、個人で電車を所有して運転するという事は不可能に近いため、レアな仕事だと思う。
❹ 極力衝動の少ない運転。
❺ 終了点呼を「乗務中異常無し」で終われる時。人身事故。
❻ 【好きな景色】三浦海岸～三崎口駅間海側の桜並木。
【好きな理由】春の訪れを列車の最前部で感じる事が出来る。
❼ なりこま家→ハンバーグ定食。
みなみ→つけ麺セット。

運転士さん21人目の声

❶ 運転士の仕事を始めて、何年目になりますか？
❷ 運転士の仕事をしたいと思ったきっかけを教えてください。
❸ 運転士の仕事の魅力はどこにありますか？
❹ お客様に対して、どのような点に気を付けて運転されていますか？
❺ 運転士の仕事をしていて、一番良かったと思うとき、もしくは忘れられない出来事があれば教えてください。
❻ 京急で運転している中で、オススメの景色はありますか？その理由をお聞かせください。
❼ 食事について伺います。神奈川新町駅付近では「なりこま家」（定食屋）、金沢文庫駅付近では「みなみ」（ラーメン屋）がオススメと伺いましたが、ご利用になられたことはありますか？　オススメの定食を教えてください。

❶ 8年目。
❷ 親も運転士の仕事をしていて、その姿を見て育った為。
❸ 誇りと責任感を持って仕事に取り組める。電車の運転そのものが魅力。
❹ 力行、ブレーキ操作や、車両のクセ等を含めた乗り心地。
❺ 独車後に親が乗りに来て喜んでいる姿を見た時。
❻ 【好きな景色】大森町～六郷土手駅間辺りの夕日。
【好きな理由】この区間の西側は高層ビルが少なく空が広いので綺麗な夕焼けが見える。
❼ なりこま家→牛焼肉定食。
みなみ→回鍋肉定食。

運転士さん22人目の声

❶ 運転士の仕事を始めて、何年目になりますか？
❷ 運転士の仕事をしたいと思ったきっかけを教えてください。
❸ 運転士の仕事の魅力はどこにありますか？
❹ お客様に対して、どのような点に気を付けて運転されていますか？
❺ 運転士の仕事をしていて、一番良かったと思うとき、もしくは忘れられない出来事があれば教えてください。
❻ 京急で運転している中で、オススメの景色はありますか？その理由をお聞かせください。
❼ 食事について伺います。神奈川新町駅付近では「なりこま家」（定食屋）、金沢文庫駅付近では「みなみ」（ラーメン屋）がオススメと伺いましたが、ご利用になられたことはありますか？　オススメの定食を教えてください。

❶ 15年目。
❷ 子供の時に電車が好きで、将来の夢にしていました。
❸ 子供、京急ファンの方に夢を与えるところ
❹ 乗り心地の良い運転です。
❺ お客様から運転が上手いと言われた時。人身事故です。
❻ 【好きな景色】京急蒲田１番線～空港線に行く夜景がキレイです。
【好きな理由】飛行機や建物、街灯等の灯がキレイだからです。
❼ なりこま家→ハンバーグ定食、からあげ定食。
みなみ→うまに丼セット、肉野菜つけ麺です。

運転士さん23人目の声

1. 運転士の仕事を始めて、何年目になりますか？
2. 運転士の仕事をしたいと思ったきっかけを教えてください。
3. 運転士の仕事の魅力はどこにありますか？
4. お客様に対して、どのような点に気を付けて運転されていますか？
5. 運転士の仕事をしていて、一番良かったと思うとき、もしくは忘れられない出来事があれば教えてください。
6. 京急で運転している中で、オススメの景色はありますか？ その理由をお聞かせください。
7. 食事について伺います。
神奈川新町駅付近では「なりこま家」（定食屋）、金沢文庫駅付近では「みなみ」（ラーメン屋）がオススメと伺いましたが、ご利用になられたことはありますか？　オススメの定食を教えてください。

1. 7年目。
2. 車掌の仕事をしている時、組んでいる運転士さんの声高喚呼と駅停車手配の時のかっこいいブレーキ操作を見た時に自分もしてみたいと思いました。
3. 他の職種では出来ない特殊な作業であり厳しい仕事ではありますが自身の力量を試されるやりがいのある仕事だと思います。
4. 衝動の無い力行ブレーキ操作を行い、立っているお客様が乗車していてなるべく疲れを感じさせないよう心掛けます。
5. ご乗車されたお客様より「おかげさまで快適に品川までこれました」と感謝の言葉をいただいた時です。
6. 【好きな景色】春、弘明寺駅構内。【好きな理由】降ってくる桜の花びらと駅があっているので。
7. なりこま家→ハンバーグ定食。みなみ→肉野菜つけ麺。

運転士さんの声高喚呼と駅停車手配の時のかっこいいブレーキ操作

運転士さん24人目の声

1. 運転士の仕事を始めて、何年目になりますか？
2. 運転士の仕事をしたいと思ったきっかけを教えてください。
3. 運転士の仕事の魅力はどこにありますか？
4. お客様に対して、どのような点に気を付けて運転されていますか？
5. 運転士の仕事をしていて、一番良かったと思うとき、もしくは忘れられない出来事があれば教えてください。
6. 京急で運転している中で、オススメの景色はありますか？ その理由をお聞かせください。
7. 食事について伺います。
神奈川新町駅付近では「なりこま家」（定食屋）、金沢文庫駅付近では「みなみ」（ラーメン屋）がオススメと伺いましたが、ご利用になられたことはありますか？　オススメの定食を教えてください。

1. 3年目。
2. 小さい頃から鉄道が好きで鉄道会社に就職したいと思ったからです。
3. 誰にでも出来る仕事ではない、やりがいがとてもある。
4. お客様の命と財産を預かっているという点を忘れないようにしています。
5. お客様からお褒めの言葉をいただいた時、運転士として頑張って良かったと思いました。
6. 【好きな景色】杉田～京急富岡駅間の桜。【好きな理由】とてもきれいだから。
7. なりこま家→カルビ丼。みなみ→角煮飯。

運転士さん25人目の声

❶ 運転士の仕事を始めて、何年目になりますか？
❷ 運転士の仕事をしたいと思ったきっかけを教えてください。
❸ 運転士の仕事の魅力はどこにありますか？
❹ お客様に対して、どのような点に気を付けて運転されていますか？
❺ 運転士の仕事をしていて、一番良かったと思うとき、もしくは忘れられない出来事があれば教えてください。
❻ 京急で運転している中で、オススメの景色はありますか？その理由をお聞かせください。
❼ 食事について伺います。神奈川新町駅付近では「なりこま家」（定食屋）、金沢文庫駅付近では「みなみ」（ラーメン屋）がオススメと伺いましたが、ご利用になられたことはありますか？　オススメの定食を教えてください。

❶ 9年目。
❷ 車掌として乗務している際に運転士の姿を見たときがきっかけ。
❸ 自分の腕で最大12両もの編成を操れるところ。
❹ 乗り心地が良い様にノッチワークを少なく。また同じ運転士が運転する列車に乗りたいと思われる位に気をつける。
❺ 大雪の日の車両の挙動と運転台からの景色。
❻ 【好きな景色】京急蒲田駅（下り）発車後。
【好きな理由】高架が高い位置にあるので眺望がよい。空港線だと、複数の航空機が飛んでおり、夜間は特に綺麗。
❼ なりこま家→ジャンボメンチ・からあげ定食、カルビ丼。
みなみ→スタミナ飯、うま煮丼。

運転士さん26人目の声

❶ 運転士の仕事を始めて、何年目になりますか？
❷ 運転士の仕事をしたいと思ったきっかけを教えてください。
❸ 運転士の仕事の魅力はどこにありますか？
❹ お客様に対して、どのような点に気を付けて運転されていますか？
❺ 運転士の仕事をしていて、一番良かったと思うとき、もしくは忘れられない出来事があれば教えてください。
❻ 京急で運転している中で、オススメの景色はありますか？その理由をお聞かせください。
❼ 食事について伺います。神奈川新町駅付近では「なりこま家」（定食屋）、金沢文庫駅付近では「みなみ」（ラーメン屋）がオススメと伺いましたが、ご利用になられたことはありますか？　オススメの定食を教えてください。

❶ 5年目。
❷ 鉄道が好きなので、それを仕事にしたかったから。
❸ 【回答なし】
❹ 衝動の無い力行ブレーキ操作と定時に入る運転。
❺ ブレーキ操作についてお客様よりお褒めの言葉を頂いたとき。
❻ 【好きな景色】冬期、下り子安付近で見える富士山。
【好きな理由】意外と知られていないポイントだと思うから。
❼ なりこま家→メンチ・からあげ定食。
みなみ→ギョーザセット。

運転士さん27人目の声

❶ 運転士の仕事を始めて、何年目になりますか？
❷ 運転士の仕事をしたいと思ったきっかけを教えてください。
❸ 運転士の仕事の魅力はどこにありますか？
❹ お客様に対して、どのような点に気を付けて運転されていますか？
❺ 運転士の仕事をしていて、一番良かったと思うとき、もしくは忘れられない出来事があれば教えてください。
❻ 京急で運転している中で、オススメの景色はありますか？その理由をお聞かせください。
❼ 食事について伺います。神奈川新町駅付近では「なりこま家」（定食屋）、金沢文庫駅付近では「みなみ」（ラーメン屋）がオススメと伺いましたが、ご利用になられたことはありますか？　オススメの定食を教えてください。

❶ 3年目。
❷ 小さい頃からの夢。
❸ 大きな車体を多くのお客様を乗せて動かす事。
❹ 立っているお客さまがふらつかないよう気を付けている。
❺ 小さい子供がうれしそうに手を振ってくれている時。
❻ 【好きな景色】冬の浦賀～馬堀海岸駅間。
【好きな理由】富士山と海が両方見える為。
❼ なりこま家→からあげとハンバーグがおすすめです。

運転士さん28人目の声

❶ 運転士の仕事を始めて、何年目になりますか？
❷ 運転士の仕事をしたいと思ったきっかけを教えてください。
❸ 運転士の仕事の魅力はどこにありますか？
❹ お客様に対して、どのような点に気を付けて運転されていますか？
❺ 運転士の仕事をしていて、一番良かったと思うとき、もしくは忘れられない出来事があれば教えてください。
❻ 京急で運転している中で、オススメの景色はありますか？ その理由をお聞かせください。
❼ 食事について伺います。
神奈川新町駅付近では「なりこま家」（定食屋）、金沢文庫駅付近では「みなみ」（ラーメン屋）がオススメと伺いましたが、ご利用になられたことはありますか？　オススメの定食を教えてください。

❶ **3年目。**
❷ **幼い頃より鉄道の運転士になるのが夢だったから。**
❸ **多くのお客様を自分の運転で目的地まで運べること。**
❹ **乗り心地が悪くならない運転を心掛けています。**
❺ **小さなお子さんが運転室の後ろから真剣なまなざしで自分の運転操作を見ていた時。**
❻ **【好きな景色】春、三浦海岸〜三崎口駅間の阿津桜。夏、日ノ出町〜井土ヶ谷駅間、横浜スタジアムの照明（夜）。**
【好きな理由】春、桜の下を走るのがとても気持ちがいいから。夏、あの光を見ると横浜へ帰ってきたと感じるから。
❼ **どちらもあり。なりこま家→カルビ丼。**
みなみ→のり正油ラーメン。

運転士さん29人目の声

❶ 運転士の仕事を始めて、何年目になりますか？
❷ 運転士の仕事をしたいと思ったきっかけを教えてください。
❸ 運転士の仕事の魅力はどこにありますか？
❹ お客様に対して、どのような点に気を付けて運転されていますか？
❺ 運転士の仕事をしていて、一番良かったと思うとき、もしくは忘れられない出来事があれば教えてください。
❻ 京急で運転している中で、オススメの景色はありますか？ その理由をお聞かせください。
❼ 食事について伺います。
神奈川新町駅付近では「なりこま家」（定食屋）、金沢文庫駅付近では「みなみ」（ラーメン屋）がオススメと伺いましたが、ご利用になられたことはありますか？　オススメの定食を教えてください。

❶ **4年目。**
❷ **子供の頃からの憧れ。**
❸ **多くの方の命を預かるとても責任感のある仕事だというところ。**
❹ **乗り心地に留意しています。**
❺ **【回答なし】**
❻ **【好きな景色】京急蒲田駅下り発車時に見える富士山。**
【好きな理由】冬は積雪していてきれいだから。
❼ **なりこま家→カルビ丼。**
みなみ→肉野菜つけめん。

小さな子達に手を振られると将来運転士になってくれたらいいなと思います

運転士さん30人目の声

Q

❶ 運転士の仕事を始めて、何年目になりますか？
❷ 運転士の仕事をしたいと思ったきっかけを教えてください。
❸ 運転士の仕事の魅力はどこにありますか？
❹ お客様に対して、どのような点に気を付けて運転されていますか？
❺ 運転士の仕事をしていて、一番良かったと思うとき、もしくは忘れられない出来事があれば教えてください。
❻ 京急で運転している中で、オススメの景色はありますか？その理由をお聞かせください。
❼ 食事について伺います。神奈川新町駅付近では「なりこま家」（定食屋）、金沢文庫駅付近では「みなみ」（ラーメン屋）がオススメと伺いましたが、ご利用になられたことはありますか？　オススメの定食を教えてください。

A

❶ 5年目。
❷ 小さい頃から電車が好きだったから。
❸ 多くの命を安全かつ時間に正確に輸送すること。
❹ 自分が客室に乗っているつもりで乗り心地の良い運転操作を心掛けている。
❺ 小さい子達から手を振られると、自分のように将来運転士になってくれたらいいなと思います。
❻ 【好きな景色】冬の下り京急蒲田～雑色駅間。【好きな理由】空気が澄んでいて富士山もくっきり見え気持ちが良くなる。
❼ なりこま家→ハンバーグ定食。

運転士さん31人目の声

Q

❶ 運転士の仕事を始めて、何年目になりますか？
❷ 運転士の仕事をしたいと思ったきっかけを教えてください。
❸ 運転士の仕事の魅力はどこにありますか？
❹ お客様に対して、どのような点に気を付けて運転されていますか？
❺ 運転士の仕事をしていて、一番良かったと思うとき、もしくは忘れられない出来事があれば教えてください。
❻ 京急で運転している中で、オススメの景色はありますか？その理由をお聞かせください。
❼ 食事について伺います。神奈川新町駅付近では「なりこま家」（定食屋）、金沢文庫駅付近では「みなみ」（ラーメン屋）がオススメと伺いましたが、ご利用になられたことはありますか？　オススメの定食を教えてください。

A

❶ 11年目。
❷ 子供の時、電車の運転士さんに憧れたのがきっかけ（京急は前が見える電車が多かった）。
❸ 子供に人気の仕事ではあるが自分の意思で電車を動かせる。電車は1台1台クセがあるのでそれを手の内に入れてコントロールできた時。
❹ 加速時、減速時に衝動ができるだけ起こらないようにしています。
❺ 特に無い（出来て当たり前と思われているので怒られる事ばかり）。最近は海外のお客様が多いので案内を理解していただいた時はうれしいです。
❻ 【好きな景色】青物横丁～北品川駅に向かっているとき西側を見ると桜が咲いている時、11号トンネルを出るところ、富士山と新幹線が見える時がある。京急蒲田から川崎方向に走っているとき西側に見える富士山（特に冬）。【好きな理由】目の前の桜が広がっている。
❼ なりこま家→カルビ丼。みなみ→のり正油ラーメン、のりとネギいため油とのハーモニー。

運転士の皆様、お忙しい中、
アンケートへのご協力をいただき、
本当にありがとうございました。

久野・南田両調査員も
大興奮！

京急本社に眠る貴重なお宝を見せてもらいました！

京急本社の倉庫に、かつて走っていた電車や駅で使用した備品など、鉄道ファンにとってはたまらないお宝が眠っているという情報をキャッチ。今回京急さんのご厚意により、いくつかのお宝を見せていただくことに――。

快速特急

1

木製の品川行。三角形は特急用。

2

久里浜行は鉄製。丸形は急行を表す。

3

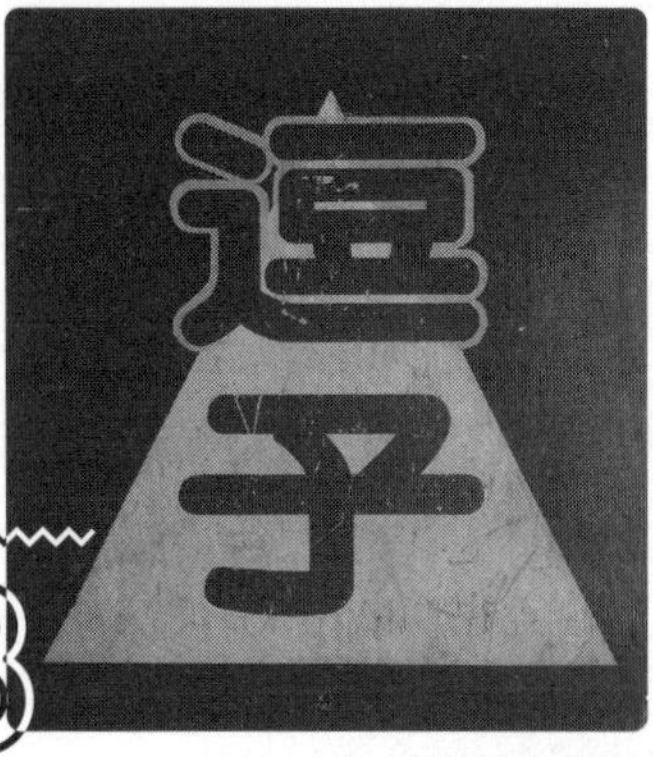

1の裏面。「子」の字体に注目。

4

だ円形の回送はラ・メール号の裏面。

「川崎」と「川崎」

ズラリと並んだお宝の数々を前に感嘆の声をあげた一同。「手に取って見てもいいですよ」の声に甘えて、さまざまな角度から拝見することができた。

まずは、行先表示の看板。いまでこそLEDや方向幕で行先を表示するが、昔は電車の前面下に行先の看板を下げていた。

写真1は品川行きのもの。これは非常にレア物だという。一見わかりにくいが木製だ。

品川の裏には逗子（写真3）。品の下の部分がつながっているところや、逗子の「子」の字体から時代を感じるのではないだろうか。

久里浜行きのものは、鉄製（写真2）。オレンジ地に丸い部分は白、文字は紺に近い青で書かれている。同じく鉄製の川崎行き（写真5）は、「崎」の字体が味わい深い。

回送表示（写真4）は、白地に赤い字で書かれており、こちらも鉄製。この形状である理由は後ほど。

川崎大師と書かれたもの（写真6）は、背景がダルマの形になっているのがポイント。白地に赤いダルマ、文字は黒で白く縁取りもされている。これは実は、本線と大

5

京浜川崎行。

7

ラ・メール号のヘッドマークは超貴重品。

6

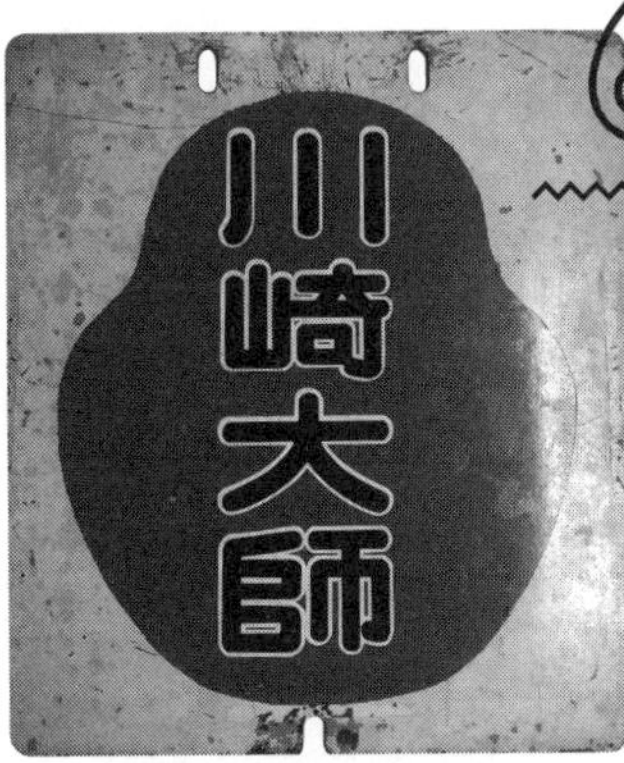

珍しいダルマ急行のもの。

師線を直通したダルマ急行と呼ばれた列車のもの。

思わず、これを見た南田調査員がポツリ。

「これ、白い塗装が少し剥げて、オレンジが見えますよね。久里浜とかの看板の再利用じゃないですか」

調査員という設定どころかもうその仕草からして、さながら鉄道お宝刑事のようだ。たしかに、剥げた部分のオレンジ色は写真2や6のそれによく似ている。塗り直していた可能性は十分考えられるものの、はっきりとしたことはわからなかった。

写真7は、1956年から68年まで運行していた週末特急「ラ・メール号」のもの。フランス語で海を意味し、週休二日制導入前で土曜日がまだ半日勤務だった頃、お昼過ぎに品川を出発した特急電車だ。

ラ・メール号と同時期にパルラータ号も運行された。こちらはイタリア語で「語らい」を意味する。先ほどの丸い回送は、この看板の裏面だったのだ。京急では、戦後の「ハイキング特急」や、大晦日と元日に運行された「招運号」（70〜73年）、休日に久里浜から京成成田まで走った「パシフィック号」（70年夏〜73年夏）など、以前は多くのネームドトレインがあったのだ。現在ではウィング号を除けば、正月に走る「初日号」（写真⑩）を残すだけである。

かつて人気だった特別列車

週末特急やハイキング特急以外にも、かつては特別列車としてさまざまな名称の電車が走っていた。

1985年に「さわやかアップ京急運動」の一環でエース車両2000形編成を使用し、京急沿線の幼稚園児や小学校の児童が描いた絵画や写真などを展示する「さわやかギャラリー号」（写真⑧）を運行した。

1988年から91年までは、京急創立90周年を記念し、8両編成2本（2011・2041編成）に特別塗装が施された。そのうち1本がさわやかギャラリー号で、もう1本が「ファンタジックトレイン　みらい号」（写真⑫）。久里洋二氏による派手なデザインは沿線で話題になった。

1970年、海水浴客のために運行された「みうらビーチ号」。スポンサーがついた81年の列車は「アメリカンエクスプレス号」（写真⑪）と名付けられた。

8

子どもの夢を乗せた、さわやかギャラリー号。

9

終夜運転で表れた「区間急行」？

10

初日は、「しょにち」ではなく、「はつひ」と読む。

11

アメリカンエクスプレス号。色はゴールドではなく白。

12

90周年記念列車のもの。

写真9は、急行の側面種別板。途中各駅停車の紙貼りがある。その昔、終夜運転の際に、途中区間を各駅停車としたレアなものだそうだ。「普通」ではなく「各駅停車」と書いてあることも珍しい。

悲願だった都心乗り入れを果たしたのが1968年。品川〜泉岳寺間が開業し、都営浅草線との直通運転を開始した。それを記念したヘッドマーク（写真14）は、鉄道友の会が用意したものだという。ただ、取り付けられたのは旧600形で、都心乗り入れ記念だったが都営地下鉄には入らなかったそうだ。京急さんによれば、これらの看板たちは、OBや沿線の方々からお預かりした大変貴重なものだという。

駅名スタンプはいつどこで使われたのか？

ところで、写真13が何かわかるだろうか？　平成生まれの方にはあまり馴染みがないかもしれないが、これは改札口で使用されていた収納器というもの。自動改札機導入前、乗り越し精算などの事務に使用していたもので、精算金や釣り銭、改札鋏な

14

古くからの京急ファン魂が伝わってくる記念ヘッドマーク。

13

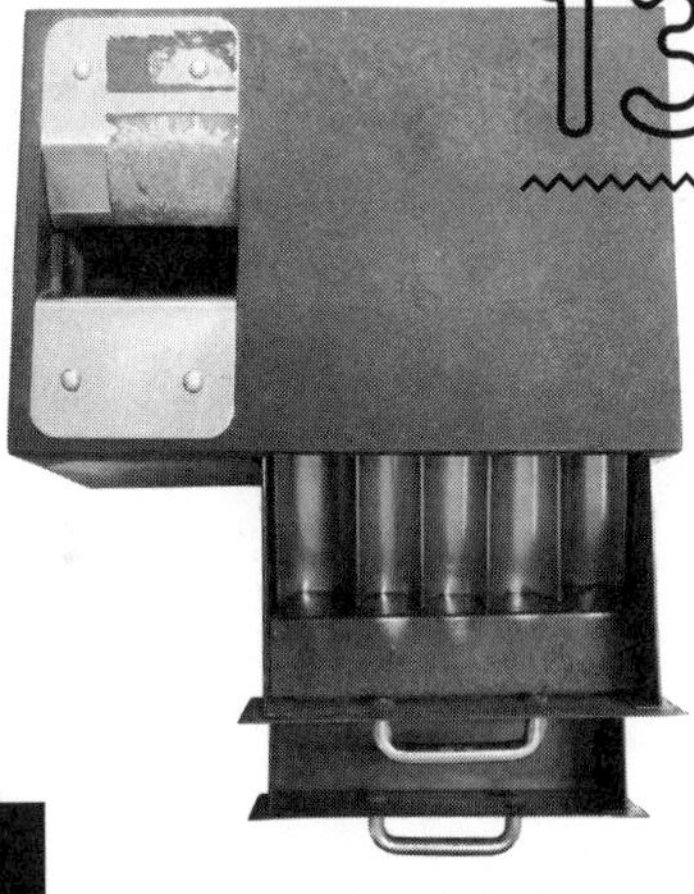

金立ては引き出し式。

15

このマグカップで一息つけば、
エレガントな気分に。

16

どを収容できた。

二個組のマグカップ（写真15）は、2000形登場の頃に作られた。エクステリアだけでなくクロスシートのインテリアが描かれており、当時の京急がいかに2000形の快適な車内を誇っていたかがわかる。

そして、今回のお宝拝見で一番の盛り上がりを見せたのが写真16。手発行の定期券を発行する際に使用していた駅名スタンプで、京急線と連絡運輸で発売していた他社線も用意されていた。よく発行された区間の駅名にマジックでマーキングされているなど、当時の使用感がにじみ出ている。駅名の下に記載される番号は、審査コードと呼ばれるものだ。

いつ頃にどこで使われていたものか確定できないそうだが、南田調査員がまたポツリと「あ、新馬場がない」。鉄道お宝刑事、再び参上。「能見台もないですね！」と久野調査員も続く。保存のためのビニールをはがすわけにはいかず、写真では少し反射して見づらいだろうが、いまは残っていない駅名がいくつかある。

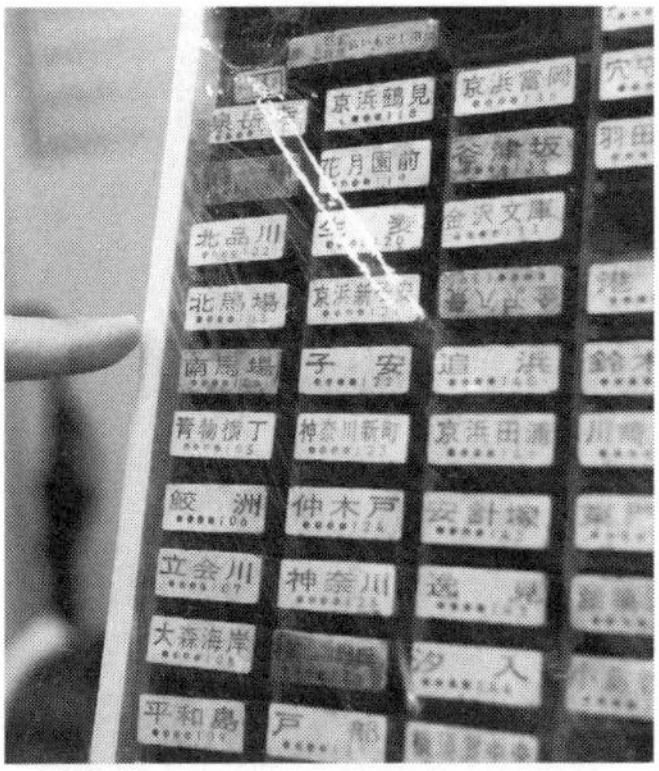

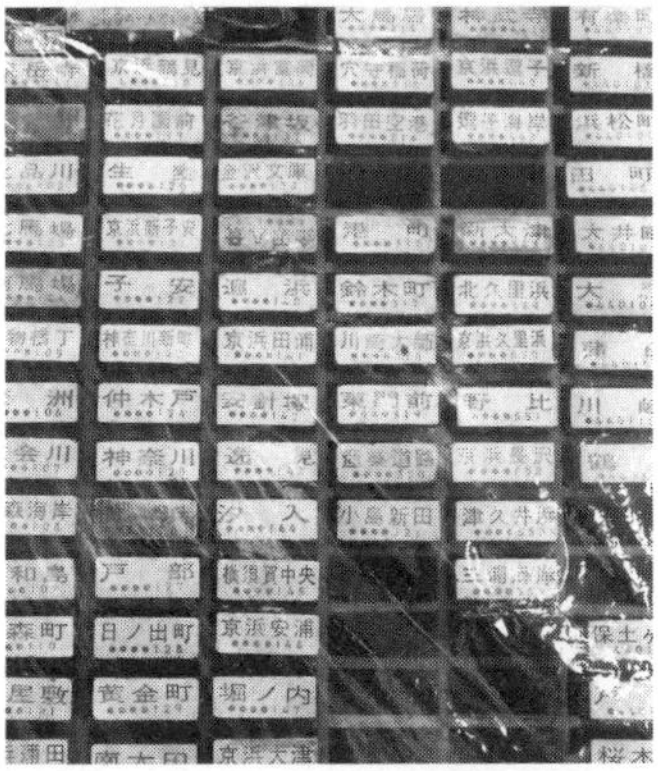

「北馬場、南馬場」

1976年、統合し新馬場に改称。

「谷津坂」

1982年、能見台に改称。

「京浜逗子、逗子海岸」

1985年、統合し新逗子に改称。

「京浜安浦」

京急安浦を経て県立大学に改称されたのは
2004年。

野比～三浦海岸間の開業は1966年。

鉄道がアナログだった時代を感じさせる逸品。

三浦海岸～三崎口間の開業は１９７５年。駅名の冠称が「京浜」から「京急」となったのは１９８７年。

以上のことから、66年から75年の間に使われていたことが推測できる。

どの年に使われていたかわかる方がいれば、編集部にご一報を！

最後に、飾られていた鉄道模型２台。

湘南電気鐵道デ1形（写真17）は、１９３０年に製造され、その後48年間にわたり活躍した。現在の京急電車の高速電車スタイルを確立したといわれている。当初は扉間中央部に固定式クロスシートが並ぶセミクロスシート車だった。

京濱急行電鐵デハ３００形（写真18）は、戦時下の輸送力増強のため、１９４２年に製造された。幾度かの改造を経て、１９７９年まで活躍した。京急最初の18メートル半鋼製電車でもある。

今回、このような貴重なお宝を見ることができ、久野・南田両調査員も大満足で、京急本社を後にした。

17

1/20 サイズのリアルなデ１形。

18

同じくデハ 300 形。赤と黄の２色。

京急本社でのお宝調査を終えて

京急のモノは、京急を語る――。モノから推察して当時の状況を推し量る、考古学的視点で見ると鉄道はとても面白い。これが作られたのはいつの時代で、どういう必然で使われていたか。この品川行の看板は、何回くらい品川行の旅をしたのであろうか。この看板はどんな電車を飾ってきたか。そう考えななから見ていると、「その頃の沿線の景色はこんな風景だったよ。」「海水浴のお客様をたくさんたくさん運んだんだよ。」など、目の前にある京急のお宝が語りかけてきます。

広報担当さんが「倉庫にあった何気ないものばかりなのですが…」と謙遜されてお持ちくださったお宝の数々。悲願の都心との直通＝都営浅草線との相互乗り入れ開始を記念したヘッドマークまで実物を見られるなんて感激でした!! やはり歴史に刻まれた瞬間を彩った代物は、大切に保存されているのですね。応接室や待合室に大切に飾られた模型たちからも、京急の礎を築いたという威厳を感じました! 公開される機会があれば〝調査員〟としてお宝の解明にぜひご協力くださいませ（笑）

京急社員御用達の定食屋

『なりこま家』を訪ねて

神奈川新町駅から徒歩3分の場所にある京急社員の間で大人気の定食屋『なりこま家』。京急社員が愛する味の秘密に迫る。

オレンジ色を主とした看板が目印

カウンター10席とテーブル席3卓の店内

サラリーマンにはありがたいお値段だ

京急の食堂とも言える定食屋

国道1号線沿い、京急神奈川新町検車区の近くにある『なりこま家』。ランチタイムになると店外までいい匂いがただよい、それにつられるように次々と客が吸い込まれていく。周辺には飲食店も多いが、『なりこま家』は近隣で働くサラリーマンなどから広く愛されていることがわかる。

京急社員に行ったアンケートで「頻繁に利用する店」としてもっとも名前が挙がった同店は、20年前にオープンして以来、社員が毎日のように利用する、いわば「京急の食堂」とも言える定食屋である。

なかでも京急社員が愛してやまないメニューが「ハンバーグ定食」だ。

オーダーが入ると冷蔵庫から取り出したパテを熱々の鉄板に乗せ、表面を焼きつける。両面にいい具合に焼き色がついたら、蓋をかぶせてしばらく蒸し焼きにし、中までしっかりと火を通す。

10分ほどでお待ちかねのハンバーグが到着。

近年人気のふわふわタイプとは真逆の、ぎゅっとしまったハードタイプ。コショウと酸味のきいた、さらっとしたソースが味の決め手だ。

ハンバーグを口に入れた瞬間、当たり前だが「肉」らしさを強く感じる。飾り気のないシンプルなソースゆえ、肉の存在が際立つ。

ハンバーグが4つついた肉増し840円が人気!

上質な肉をリーズナブルな値段で

噛みしめると、口の中に肉汁が静かに溢れ出す。噛めば噛むほど肉の旨味が出る食感で、一つ一つのポーションは小さいが、かなり食べ応えがある。肉に自信がないとこのスタイルは貫けないだろう。

聞けば『なりこま家』の母体は肉問屋だそうで、それゆえ上質な肉をリーズナブルな値段で提供できるんだとか。なるほど、味も値段も大満足間違いなしだ。

京急社員が利用するのは主に昼休みだが、それ以外にも、夜勤明けや泊まり勤務前などに利用することが多いそうだ。

休憩時間があまり取れないときは、弁当をオーダーする社員も多い。カルビ丼、ジャンボメンチが人気だが、ハンバーグ定食は店内でしか食べられないということで、わざわざ足を運ぶ社員も多い。

時間がない、だけどハンバーグが食べたい。そんな時は来店直前に店に電話をして、オーダーをするという。

「京急です。ハンバーグ定食3人前」

電話を受けた店も慣れたもので、電話をかけてきた社員の名前も聞かずオーダーを受ける。10分後、いい具合にハンバーグが焼き上がったところに到着。おかげでタイムロスなく焼き上がりを食べることができる。これも長年の信頼関係があるからこそできる芸当といえるだろう。

京急社員の胃袋を支えるハンバーグ定食。京急ファンなら一度は食べていただきたい。

なりこま家

住所　神奈川県横浜市神奈川区新町15-10
京急 神奈川新町駅より徒歩3分
電話　045-453-5684
営業時間　月～土11:00 ～ 22:30
定休日　日曜日

※営業時間・定休日は変更となる場合がございます。ご来店前に店舗にご確認ください。

廣田あいかさんに 漢字一文字で京急の魅力を伝えよう

鉄道好きとして知られるあいあいこと廣田あいかさん。なかでも東京メトロファンとして有名で、書籍も刊行されています。そんなあいあいに京急をもっと好きになってほしいと、久野&南田が漢字を使って奮闘。はたして彼女の反応は?

プレゼンスタート！

久野 あいあいは実際に京急の電車に乗ったことはありますか?

廣田 ありますよ。見に行ったこともあります。でも、私は埼玉県に住んでいるので、ちょっとまだ馴染みが薄いかもしれません。

南田 そんなあいあいに京急の良さを、京急から連想する漢字を使ってお教えします！

赤

久野 まずは『赤』。今日の洋服は京急カラーに合わせてくださったのですね！ 嬉しいです！ 私もスカートを赤に（笑）。普段も赤のお洋服は着られますか?

廣田 カラフルな服を着るときに赤が入っていると、そこにしか目がいかなくなるんです。だからあまり着ないかも…。京急さんの車両はステンレス車に全部色を塗っているところがインパクトありですね。

久野 いいことおっしゃいますね！ ステンレスなのに赤は捨てませんということなんですよね。

速

南田　次は『速』！　品川から横浜までなんと17分。品川から羽田空港国際線ターミナルまでは、最速なんと13分。国内線ターミナルだと15分。

廣田　速いわりには、揺れが少ないですよね。以前仕事で、京急さんのボルスタ台車を見せてもらったことがあって、それから電車に乗っているときは、安定感や揺れを意識するようになりました。

南田　一同拍手とさせていただきます！　速いと見ているほうも楽しいんですよ。快特が八丁畷や仲木戸、神奈川あたりを通過するところを見てほしいですね。

桜

久野　続いては『桜』。2月の初旬から、三浦海岸駅〜三崎口駅の間に濃いピンク色が特徴的な、早咲きの河津桜が美しく咲き誇ります。開業のころには影も形もなかったところから、沿線を盛り上げるために植えられたものなんです。その下には菜の花も咲いていてすごくきれい。ミュージックビデオ撮影におすすめです！

廣田　赤い車両とピンクの桜、黄色の菜の花…。いいですね！

久野　SNS映えもするので、ぜひ写真も撮ってください。夜のライトアップされた桜もロマンチックでいいですよ。

鮪

南田　次は『鮪』！　京急の代表的な駅・三崎口あたりがまぐろの名産地であることから『みさきまぐろきっぷ』という超お得なものが出ています。品川、横浜などの主要駅から三崎口までの往復切符（途中下車可）に加えて、エリア内の京急バスが乗り放題。そして、その界隈にあるお店のまぐろ丼やまぐろ定食など、まぐろ料理が食べられるクーポンとお土産クーポンが付きます！　面倒な手続きもいらず、切符を買うだけでOK。

廣田　優しい！　まぐろも赤だから相性もいいですね。お姉ちゃんと行きたい！

人

久野　続いては『人』。…というのも、先ほどの『みさきまぐろきっぷ』は、京急の人たちが老舗と言われるお店にも通って説得して賛同を得たそうです。有事のトラブルに対応する人の力もすばらしい。車内アナウンスも、他社線は自動のものが増えているなかで、車掌さんの声がまだまだ残っています。以前、車掌さんから見える場所で荷物を下ろしていたら、『お帰りの際は荷物などお忘れのないように…』って言ってもらえたんです！

廣田　ステキ！　機械化が進んでも人の温かさが感じられていいですね。

港

南田　続きましては『港』。これは沿線の特徴ですね。京急は港、港に路線を伸ばしています。横須賀、三崎口、1853年にペリーが来航した浦賀も港ですね。

廣田　1853年ですね、覚えました（笑）。確かに港というのは特徴ですね。

南田　船の港も特徴ですが、空の港へ続く空港線も、かなりの本数があります。個人的には、空にも海にも行けるという。浦賀をもっと尊重してほしい（笑）。本線が三崎口だと思いがちですが、三崎口は久里浜線で、浦賀が本線。路線図を見ても浦賀行が真っすぐですからね。

音

久野　次は『音』です！　京急で音と言えば、何を思い浮かべますか？

廣田　ドレミファ〜♪

久野　きました！　シーメンス社の『ドレミファインバーター』。ドレミファと共に注目してほしいのが駅メロ。品川ではくるりの『赤い電車』、駅近辺にゴジラが上陸したとされる浦賀は『ゴジラのテーマ』、坂本九さんが川崎出身ということで京急川崎は『上を向いて歩こう』、上大岡は地元出身・ゆずの『夏色』など、いろいろなパターンの駅メロを早く導入したのは京急なんです。

快

南田　音の次は『快』。京急の種別で『快特』というのがありますね。われわれの出身地・関西にはなかった表現です。そもそも『特急』というのが、特別急行なのに『快特』は『快速特別急行』ですから、すごいですよね！　もうひとつの意味は『快適』の『快』。車内の雰囲気も明るく、座席もふかふか。快適な空間を提供してくれます。

廣田　『快特』と言えば、方向幕の種別のところが緑ですよね。オレンジもあって、カラフルですよね。私、方向幕が好きなので、つい見ちゃうんですよ。

私、方向幕が好きなんです！

住

久野　そろそろラストスパート！『住』です。絶対快適だから沿線に住んでみたい！北品川や新馬場まで行くと、結構リーズナブルな物件があって、その情報を夜な夜な見るのが趣味になっています（笑）。

廣田　蒲田は仕事で何度か行ったことがあります。確かに住みやすそうですよね。

ほっとする感じがあって好きです。下町っぽい雰囲気があるけど、都心部からも遠すぎず、京急があることによって、お仕事にも通いやすいと思います。仕事現場と近すぎるのは落ち着かないから、ちょうどいい距離かも。

連

南田　ラストは『連』。最後にお伝えしたかったのは、金沢文庫駅での連結です。これは絶対に見てください！　特に夕方がおすすめ。8両編成が12両編成になります。つまり、ラッシュに備えてここで連結するんですね。その準備のために金沢文庫の車両基地には、おびただしい数の4両が並んでいるわけですよ。

廣田　見たーい！　それって毎日見られるんですか？

南田　平日の夕方なら見られます。じゃあ、あいあいには、三崎口でまぐろを食べた帰りに連結を見てもらいましょう！

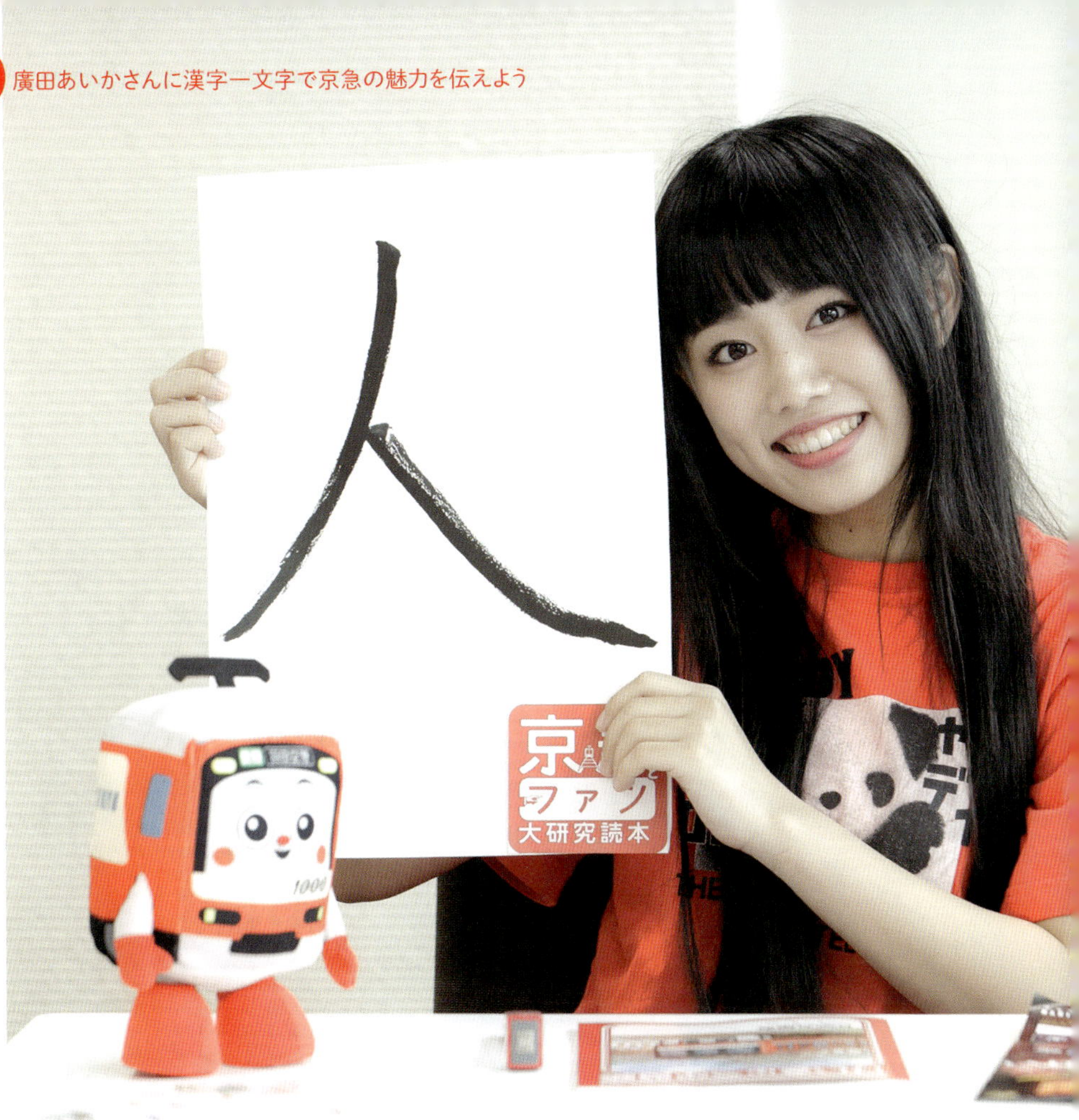

人の温かさを感じられるのがステキですね

今日はめちゃめちゃ楽しかったです！

PROFILE

ひろた・あいか●タレント、歌手。1999年1月31日生まれ。埼玉県出身。2019年6月、ソロデビューシングル『好きに選べばいいじゃん。』をリリース。今作では歌詞、アートワークも手掛けるなど活動の場を広げている。

京急制服図鑑

制服は私たちの〝顔〟です！

全鉄道ファンに愛されているのが、ネイビーブルーをベースにしたオーソドックスな制服。京急のスタイルも正統派！ そんな中でも随所に散りばめられた工夫と共にさまざまな職種の制服を紹介します。

左より男性係員、助役、駅長、運転士、女性係員
（2008 年 2 月 25 日～ 2019 年 10 月末現在）

基本コンセプト

- 今後の鉄道事業戦略を見据えた「新しい京急」のイメージを表現
- 安全性や危機管理を重要視した、事故防止に対応
- 環境保全に努め、リサイクル素材を使用しクールビズに対応
- 作業効率向上を目指し、各職種の所持品の変化にも対応した機能的な制服
- 京急の「顔」としての役割を果たし、誰もが着てみたいと思うようなデザイン性
- 貸与品の厳正管理と社外流出防止を図るため貸与者情報を管理

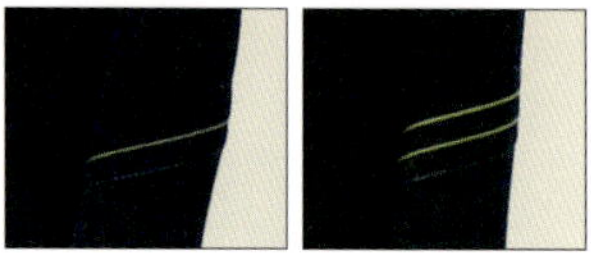

職種によってラインの色、本数が違う。左は助役、右は駅長の袖部分

特徴❶ 鉄道係員の制服らしい規律感・正装感を感じさせるネイビーブルーを基調とし、上着の肩・袖部分にラインを起用、オリジナル製と職種毎の識別を明確にする。

特徴❷ 上着襟と袖部分に反射素材を起用、ネクタイをフック式とし、袖ボタンを廃止することで、安全性を配慮。

作業中、物に引っかかることがないように全制服共通で袖ボタンは廃止（写真は男性係員の制服）

特徴❸ 運転士は別デザインに変更し、運転士の職責を改めて認識することで更なる安全性向上に努める。具体的な違いは、①肩章が付いている ②襟部分に社紋が付いている。③肩にラインが入っていない点です。

特徴❹ 貸与者の情報を記録したICタグを制服に取り付けることで、社外流出を防止し、厳正な管理を行います。全制服共通事項です。

他の制服と違う点。肩章があることで大きく印象が変わる

ネクタイ着用の場合はフック式を使用

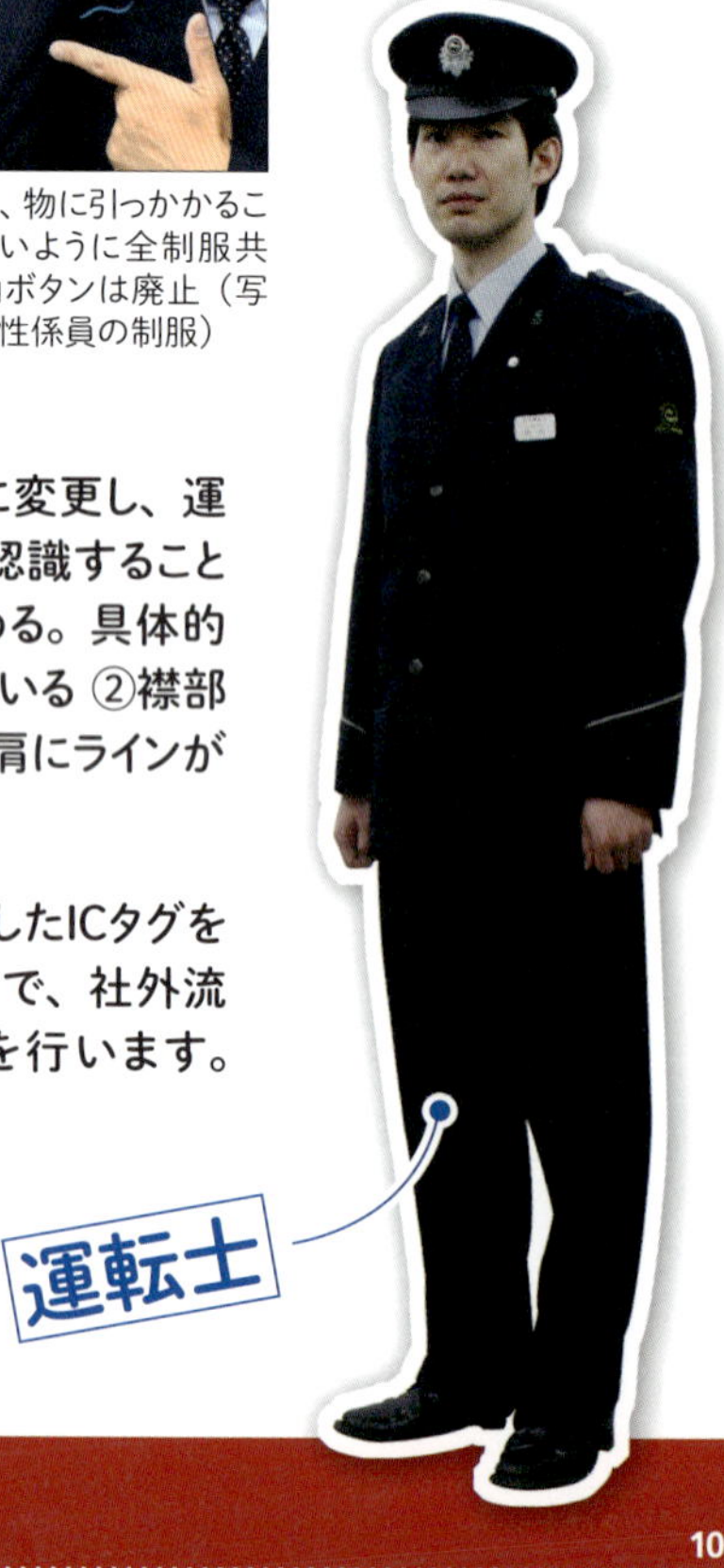

特徴 **5** 全制服の色、デザインを男女共通仕様とすることで統一性、一体感を表す。

特徴 **6** ペットボトルの再生繊維を素材として使用するほか、盛夏時には男女共にノーネクタイ仕様の半袖シャツを採用することで、環境へ配慮しました。

男性 **係員** 女性

全制服共通でペットボトルの再生繊維を素材として使用

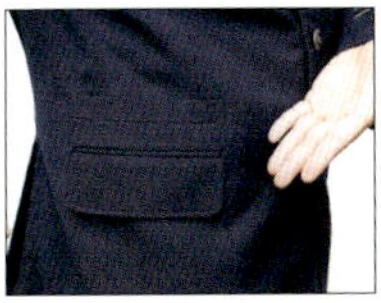

携帯品の収納を考えポケットの数は多め

盛夏時はノーネクタイ&半袖

久野&南田が
着用させていただきました!

制服開発にあたっては、機能性向上を図るべく
実際に着用する職員の意見を盛り込んで決定したそうです。

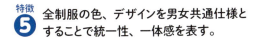

京急で輝く女性社員に仕事の醍醐味を聞きました！

目標は、京急の女性ファンを増やすことです

Misato Ohkubo
大久保 美里さん
京急電鉄 広報部

駅業務や車掌業務を経て、現在は広報部にて自社キャラクター「けいきゅん」とともに京急の魅力を発信する大久保美里さん。大久保さんがどのように仕事に向き合い、取り組んできたのか。これまでとこれからの思いを訊きました。

京急に入社して10年になります。最初は子会社の京急ステーションサービス（現在は京急電鉄に吸収合併）に入社して、駅業務に2年ほど従事していました。その後、京急電鉄に転籍して、電車の車掌を4年、現在の広報職についてから3年になります。

駅業務を志望した理由は、接客業をやりたかったことと、職場が電車から降りてすぐのところが良かったからです。その点、駅員はぴったりですよね。正直最初は1年くらいやって、他に楽しいことがあったら転職も考えてみようくらいに思っていたものの、気がつけば長い時間が経ちました。

駅業務を長く続けられたのは、率直に人間関係が楽しかったから。駅勤務は宿直があるので、家族のようなチームワークが求められます。みんなでご飯を食べたり、泊まり勤務では、畳の部屋に布団を引いて寝るので、まるで学生時代のお泊まり会みたいでした。

京急の社風なのでしょうか、とにかく明るい職員が多いので、休みの日にバーベキューをしたり、仕事以外の交流も盛んでした。あるとき、鉄道に詳しい人が、私の名前にちなんで長野の「美里駅」まで旅をしようと計画してくれて、「大久保駅」に集合して10人くらいで出かけたこともありました（笑）。

鉄道が好きな人と一緒にいると色んな楽しみがある、そう気がつかせてくれたのは大きかったですね。京急みな兄弟？　そうかもしれません（笑）。

「南太田ってどこですか？」

地元が京急沿線ではないので、入社するまで京急との接点はほとんどありませんでした。京急ステーションサービスに入社してから羽田空港国内線ターミナル駅勤務だったんですが、初めの頃「南太田はどう行ったらいいの」とお客様に聞かれ「何線の駅ですか？」と言ってしまったこともあります。それくらい京急のことを知らなかったんです。そのときのお客様は「京急の社員は大丈夫か」って思ったことでしょう。その節は大変申し訳ありませんでした……。

車掌になった当初も「乗務員室に乗れた！　うれしい」という気持ちが先行していました。スイッチって触っていいのかなとドキドキしたり、次の駅名や快特停車駅で頭がいっぱいになる中で、車内アナウンスを一人でやるのも大変でした。

もともと電車には詳しくありませんでしたから、会社に入るまでは、電車はただの移動ツールでしかありませんでした。でも、ノーラッチ（改札を出ない）を研修で学んだときは、こんなことができるんだという驚きがありました。

昔から旅をするのが好きで、鉄道沿線以外にも、

京急は社風とも言うんでしょうか、
とにかく明るい職員が多いです

いろんなスポットを知っていたことも大きかったと思います。入社してからだんだんと鉄道の知識が蓄積していくと、「道路と線路ってこう繋がっているんだ！」と驚いたりして、それがまた自分の強みにもなりました。

京急＝「けいきゅん」という手ごたえ

知識的には同期と比べて明らかにマイナスからのスタートでした。だから広報になったときは、どんな風に、お客様はもちろん、それ以外の方に京急を知ってもらえるのか頭を悩ませました。

今は公式マスコットキャラクターの「けいきゅん」の担当をしています。「けいきゅん」の誕生日イベントをしたり、「けいきゅん」トレインを走らせたりと、自社のキャラクターをいかに多くの方に知ってもらうか、それを常に考えています。

おかげさまでイベントだとすごい人気で、京急＝「けいきゅん」になっているという実感もあります。

余談ですが、「けいきゅん」の生まれは久里浜工場のピットで、性別はありません。飛行機に乗って旅をすることが趣味で、子どもと遊ぶのが好き。子どもを見つけるとみずから近寄っていくのですが、ときどき泣かれてしまうとちょっと悲しそうな顔をします。

この仕事をやっていて良かった瞬間

現場で車掌として働いていたときは、お客様から声をかけてもらうのがうれしかったですね。「暑いけど頑張ってね」って。お年寄りが乗車するのでドア閉めを待っていたら、降りるときにわざわざこちらまで来て「乗せてくれてありがとう」って。その

まま改札から出ていただいた方が近いのに……。小さい子がホームで手を振ってくれたり、待避中に帽子かぶって写真を撮ったり、そういうコミュニケーションも楽しかったです。

広報には広い視野が求められるのですが、現場の経験も生きていると思います。イベントに出ると京急以外の鉄道ファンの方にも会います。こういう目線もあるんだと学ぶことも多いですし、この方たちにみんなに京急を好きになっていただきたいと燃えますよね。

他の鉄道会社の取り組みを見て、広報として学ぶことも多いですし、そうやって勉強をしていると自分もようやく鉄道会社の一員になれたのかなって気がするんです。

社員の中で女性の比率はまだまだ少ないです。鉄道が男性社会という一面も否めません。女性というだけで注目されることもありますが、これからの社会では女性が様々なシーンで活躍するのは当たり前なので、男性女性の区別はなく頑張らないといけないって思います。言いたいことは誰が相手でもはっきり言います。辛いことがあったら自宅のお風呂でデトックスして、翌日からは切り替えます。

京急の車両は個性的でかっこいい

京急の魅力はいろいろありますが、車両を好きなファンの方も多いですし、私もかっこいいなって思います。2100形を見ると、このまま変身しちゃうんじゃないかなって。車掌として乗務していたときは、もし私に何かあったら、このまま変身して私を助けてくれたりしないかなって空想したこともありました。当然、安全第一で業務にあたっていますが。

沿線の景色も楽しんでほしいですね。三浦海岸〜三崎口駅間で春に見える河津桜は最高です。例年、その区間は桜を愛でるためゆっくり運行しますので、車窓の景色を楽しんでいただきたいです。

桜といえば日ノ出町—黄金町駅間の大岡川沿いの桜を車掌室から見るのも好きでした。下り電車だと横浜駅を過ぎて左手に見えるんですが、本当に癒しになりました。あとは、高架化した京急蒲田駅からは富士山も見えます。都会で見る富士山は贅沢ですよ。

広報としての目標は、男性ファンだけでなく女性ファンを増やすこと。京急の良さをどんどんアピールしていきたいです。

広報の仕事は京急の魅力をみなさんに知ってもらうことにあります。現在は沿線を中心に学童や保育施設なども充実させていますし、地域に密着した愛される京急を目指したいと思っています。座右の銘？　これからゆっくり考えてみます！

京急＝「けいきゅん」になっているという実感もあります

久野知美、鉄道車両川柳

―京急編―

デザインがかっこいいと評判の高い京急の電車。その魅力を久野知美が川柳で表現してみました。

参考文献：京急グループ会社要覧2018―2019より

一

1000形

2007年に京急初のステンレス車体を採用した車両。車体にはカラーフィルムで京急の赤い電車のイメージを表現した。先頭部には普通鋼に赤色の塗装をし、従来のスタイルを残している。車内は車端部をロングシートに変更し、側窓を一部開閉可能とした。乗務員室は運転台を高くするなど乗務員の安全性と居住性を向上。主要機器は国産品を採用し、2012年度新造車からLED照明も採用している。2015年度新造車1800番台から車体側面に幅広の赤と白色フィルムを採用し、2017年度新造車1200番台からは全面塗装を採用している。

●製造初年／2007年3月
●定員／119人（先頭車）・130人（中間車）
〈4両編成14本、6両編成16本、8両編成18本〉

ボックスで
携帯充電
生き返る

久

※2016年より、新たにボックスシート&充電用コンセントを備え付けたマイナーチェンジ車を導入！　三浦海岸や三崎口でのプチ旅行帰り、運良く座れたボックスで瀕死の状態の携帯電話を充電できて、ホッとした様子を表現。

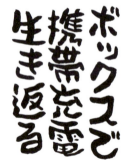

二

ドレミファの
音色を聴いて
運試し

※本書制作時、ドイツシーメンス社製のドレミファインバータは1編成のみ。会えたその日はラッキーデイ。出会える間に会いたい!!!!!

1000形（アルミ車）

都営浅草線、京成線、北総線への乗り入れを考慮し2002年に登場した。車内は扉間がバケットタイプのロングシートで、車端部は補助イス付きのクロスシートになっている。2100形と同様に海外製品を採用し、車両性能と居住性の向上を図りつつ、コスト低減も実現した。さらに、全出入口扉にドア開閉チャイムの設置や冷房装置にオゾン層破壊係数ゼロの新代替冷媒を新規採用するなど、バリアフリーや環境対策にも貢献している。

●製造初年／2002年2月
●定員／122人（先頭車）・130人（中間車）
〈4両編成12本、8両編成9本〉

三

かぶりつき
前面展望
奪い合い

※先頭車の前面展望が人気すぎて、だいたい先客がいる上に小さなお子様がいると譲らざるを得ない気持ちを表現。みんな座りたいよね〜!笑

2100形

1998年に2000形の後継車として登場。主にウィング号、快特で使用している、2扉オールクロスシート車両。扉間のクロスシートは京急では初めての転換シート。全出入口扉上部には車内案内表示器を採用し、連結間外幌も採用するなど、バリアフリー対策に配慮した。VVVF装置、主電動機は海外製品を採用したが、機器更新の際に国産品に置き換えている。2013年度から更新工事を行い、LED照明を採用するなどリニューアルを図った。

●製造初年／1998年2月
●定員／111人（先頭車）・120人（中間車）
〈8両編成10本〉

四

地下鉄でクロスに座る優越感

※地下鉄区間も走ることのできるオールクロスシート車として誕生した600形で、今もなお残るクロス部分を占有できたときの特別感・レア感を表現。

600形

都営浅草線、京成線、北総線への乗り入れを考慮し1994年に登場した。足回りは省エネルギー、省メンテナンスを図ったVVVF制御方式を採用している。製造当初は、画期的な3扉オールクロスシートを採用したが、2005年からは現在のニーズにあわせ、ドア間の座席をロングシートに改造する工事を実施した。2009年からは更新工事を行い、リニューアルを図った。

●製造初年／1994年3月
●定員／118人（先頭車）・128人（中間車）
〈4両編成6本、8両編成8本〉

五

1500形（界磁チョッパ制御車）

第2世代の都営浅草線、京成線、北総線への乗り入れ車両として、界磁チョッパ制御を採用し1985年に登場。1988年からはアルミ合金製車体を採用し軽量化を図った。2001年からは更新工事を行い、リニューアルと同時にバリアフリー化工事も行っている。

●製造初年／1985年3月
●定員／125人（先頭車）・134人（中間車）
〈4両編成7本〉

グイグイと引く反動(G)で知るチョッパ

※ノッチと連動したいい感じの"G＝重力。がかかると気づきますよね。「あ、チョッパだ」と。つい、VVVFとの乗り比べをしちゃう時のあるあるを表現。どちらもいいんです。選べないんです。

六

スムーズな
加速を誇る
1900
(字余り)
久

※VVVFになって、モーター車は1900番台に。少々インフレ感があり、最新の試作車を彷彿させるナンバリング。スペシャル感がにくい！　やっぱり、どっちもいいんです。選べないんです。

1500形（VVVF制御車）

1990年に登場。京急電鉄で初めて交流モーターを用いたVVVF制御方式を採用した。ブレーキを極力電力回生ブレーキとして一層の省エネルギーを図った新しいブレーキ方式を採用した。2006年からリニューアル。また、界磁チョッパ車からの改造車も加わり、さらなる省エネルギー化を図っている。

●製造初年／1990年8月
●定員／124人（先頭車）・134人（中間車）
〈6両編成15本、8両編成5本〉

七

800形

1978年に3両固定編成の4扉車として登場。京急電鉄初の右手ワンハンドルマスコンやFRP（ガラス繊維強化プラスチック）を多用した室内など、以後の鉄道車両に多大な影響を与えた。また、界磁チョッパ制御、電力回生ブレーキなど省エネルギー車両の先駆けとなり、1979年にロレール賞を受賞した。2019年6月に引退。

●製造初年／1978年12月

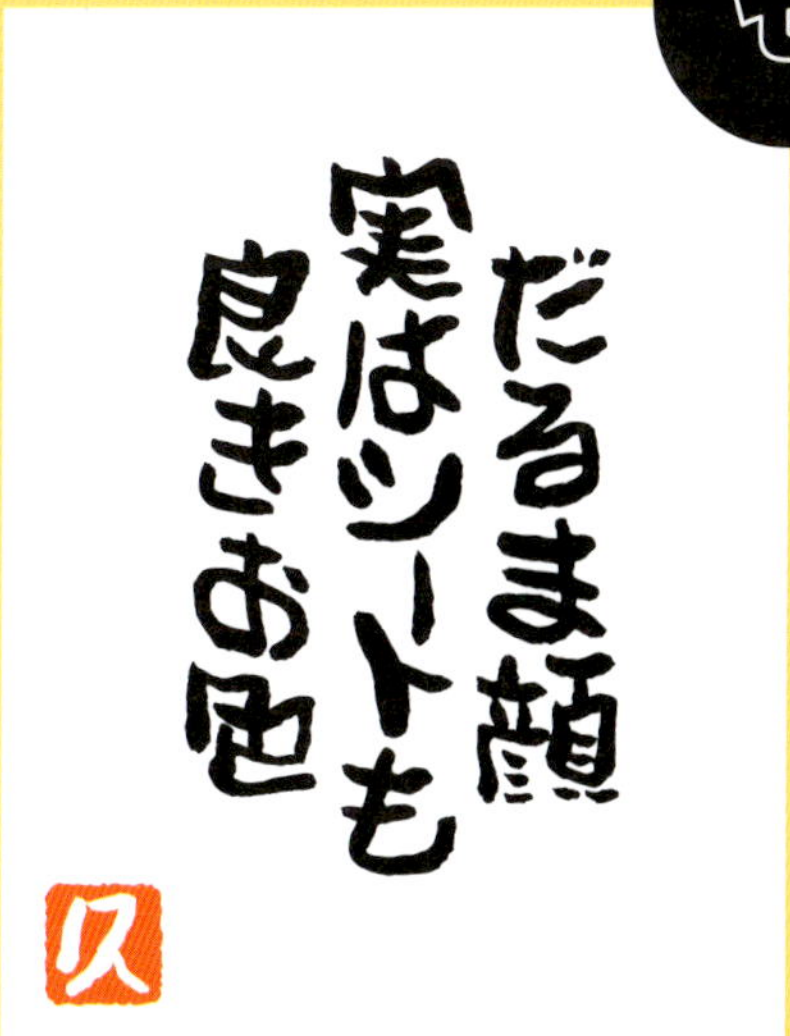
だるま顔
実はシートも
良きお色
久

※可愛らしい顔ばかり注目されますが、昔の1000形や600形の伝統を踏襲した青色のシートがシックで素晴らしい!!　かつて赤色も試されたそうですが、青色に戻して晩年まで活躍。くるり岸田さん（P.16）からもお墨付きをいただきました♪

八

KEIKYU BLUE SKY TRAIN
KEIKYU YELLOW HAPPY TRAIN

KEIKYU BLUE SKY TRAINは「羽田空港の空」と「三浦半島の海」をイメージした青い車体。2005年から600形と2100形の2編成で運用。
KEIKYU YELLOW HAPPY TRAINは、幸せをイメージした黄色い車体。沿線に幸せを運ぶ電車として2014年から1000形1編成が運行している。

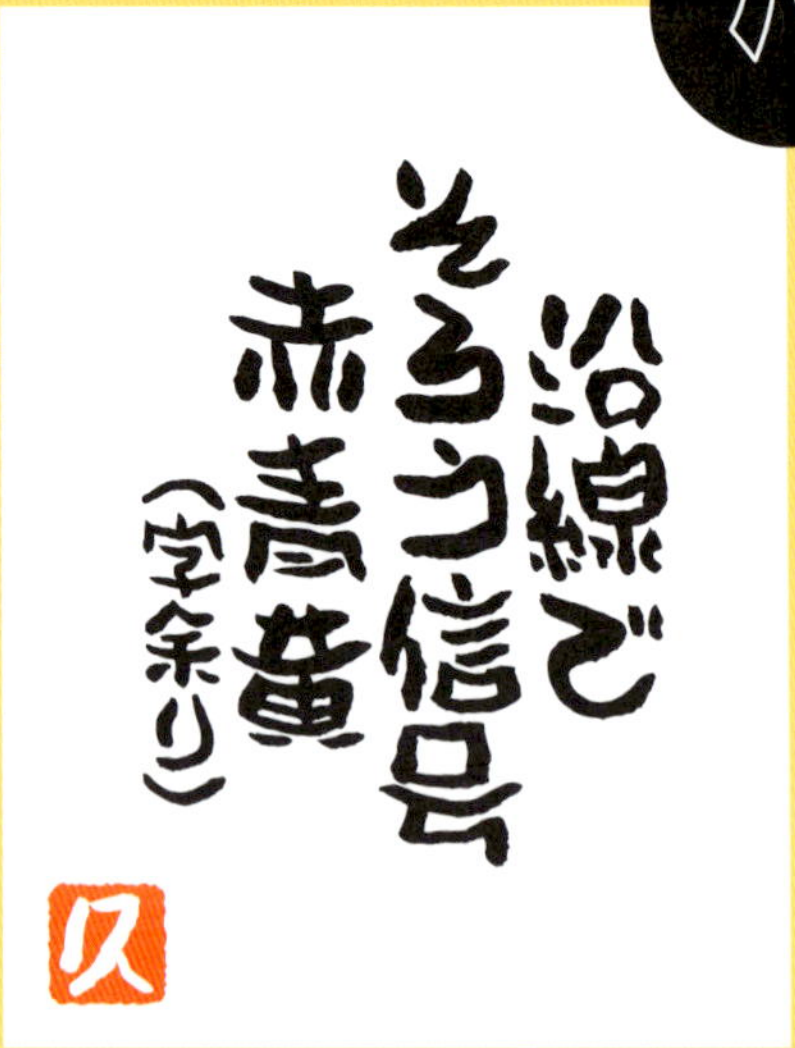
沿線で
そろう信号
赤青黄
(字余り)
久

※赤いイメージの強い京急で、2編成しかないブルースカイトレイン、1編成しかないイエローハッピートレイン。まるで信号のようなカラーを並べて愛でたい衝動を比喩的に表現した一句。1日に3色コンプリートできたら強運デー!!

九

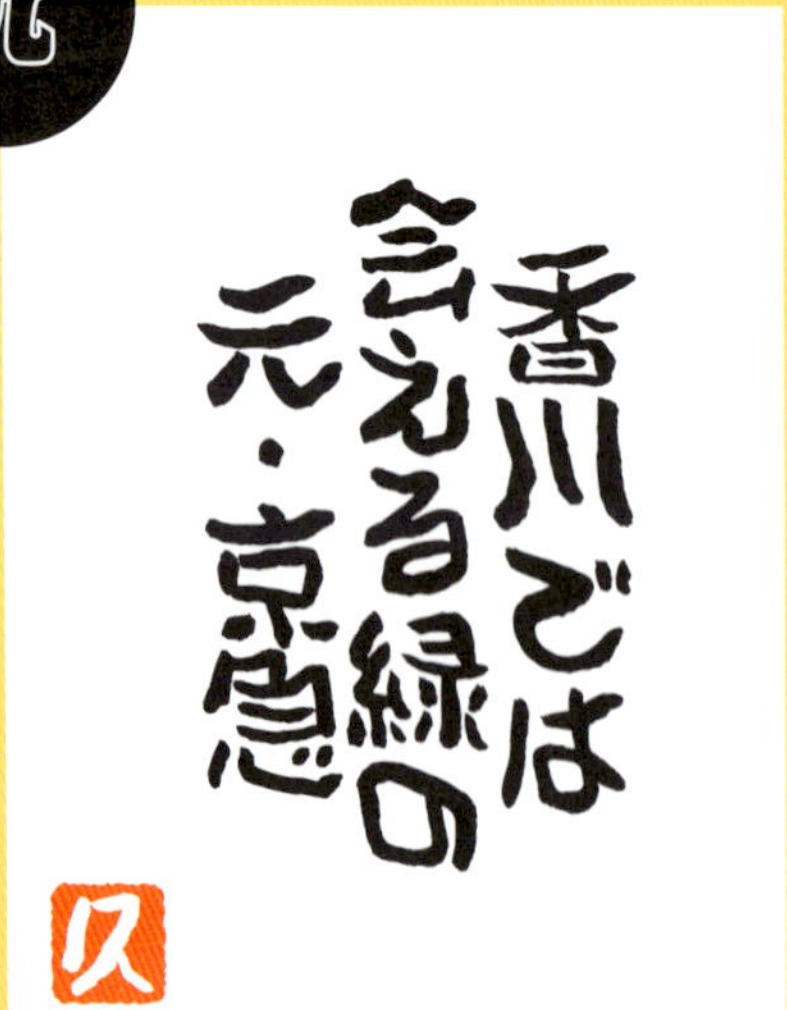
香川では
会える緑の
元・京急
久

※讃渡先の高松琴平電鉄で、現役時代も今もなかなか見られない緑色にカラーチェンジされた粋な姿が見られることを表現。緑の京急に会いに行くならお遍路参りも合わせてどうぞ。

レジェンド **700形**

1967年に登場。ラッシュ時の乗降時間の短縮を図るため、京急電鉄では初めて4扉を採用した。本線の普通・急行がメイン。最晩年には大師線入りした。1980年から88年にかけて優等列車増結のため冷房装置を搭載する改造が施された。2005年に引退。

●製造初年／1967年

十

1000形（初代）

都営浅草線、京成線、北総線への乗り入れ車両として1959年に登場。マイナーチェンジを重ねながら1978年まで製造され、京急電鉄ではもっとも製造両数の多い車両。固定編成も2、4、6、8両とバラエティーに富み、普通から快特まですべての列車種別で使用した。2010年6月、営業運転を終了したのち、2両が救援車のけん引用として残ったのち2011年3月に廃車。

●製造初年／1959年

嫁入り後
香川で再会
ことことこと
（字余り）
久

※琴電に行けば第二の人生を歩む彼に再会できる喜びを重ねて表現！琴電の人気キャラクター・ことちゃんになぞらえて。2019年11月現在、長尾線では京急ラッピングされた車両が期間限定で走っています！（P.152）

十一

沿線を
影で支える
力持ち
久

※実際に乗ることは出来ないのに、知名度が高く ちびっこ人気も抜群。まさに縁の下の力持ち！京急の影のヒーローである誇りを句に込めました。

デト15形

1988年12月に登場した資材運搬用の事業用電動無蓋貨車。重量物運搬のため、魚腹式台枠を採用した。前面非貫通折妻三枚窓構成の運転台に6人分の座席、窓1枚の有蓋室がデト15号の浦賀寄り、デト16号の品川寄りに設けられた。長尺物運搬のため、荷台部分を広く取る必要があったため、有蓋部分はデト11・12形より短くなっている。有蓋室は黄色に塗装され、窓下に赤い帯が巻かれている。

京急ファンの夢、かなえたろか？

ありえへん方向幕

MOUSOU HOUKOUMAKU

〝妄想鉄道運営〟には手が届かなくても、
オリジナルの方向幕を考えたり、作ったりする人は多いはず。
今回は検車係員さんのご協力のもと2100形・トップナンバーを使い、
久野&南田の夢（!?）を実現！

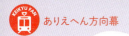

91T ／ ウィング号 ／ 上野 ／ 妄想 方向幕 ／ 1

撮影現場で待っていたのは 2100 形トップナンバーの『ウィング号上野行き』。もしかして京急さんのサプライズですか !? 鉄道会社の枠を超えたライナーだなんて、夢のようです！粋な計らいをしてくださり、ありがとうございます！

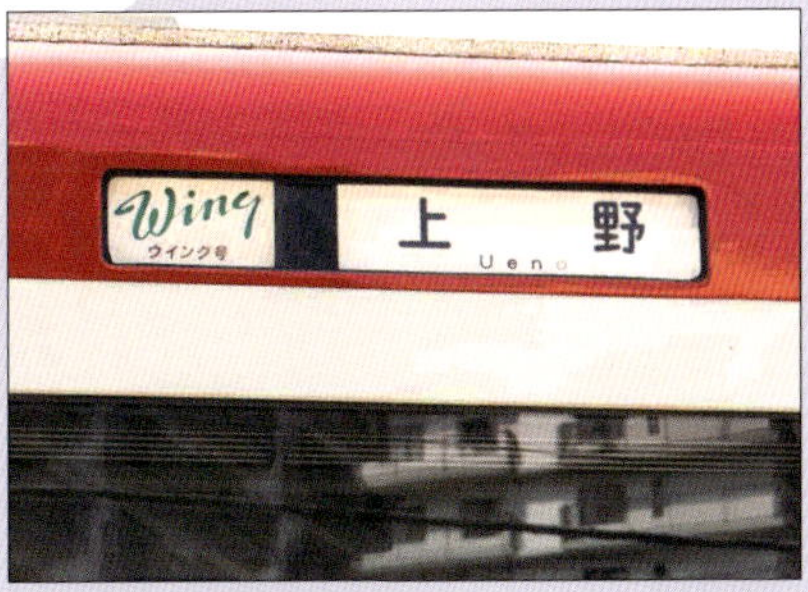

側面

2 妄想 方向幕 ＼ 99 ＼ 普通 ＼ 神奈川新町

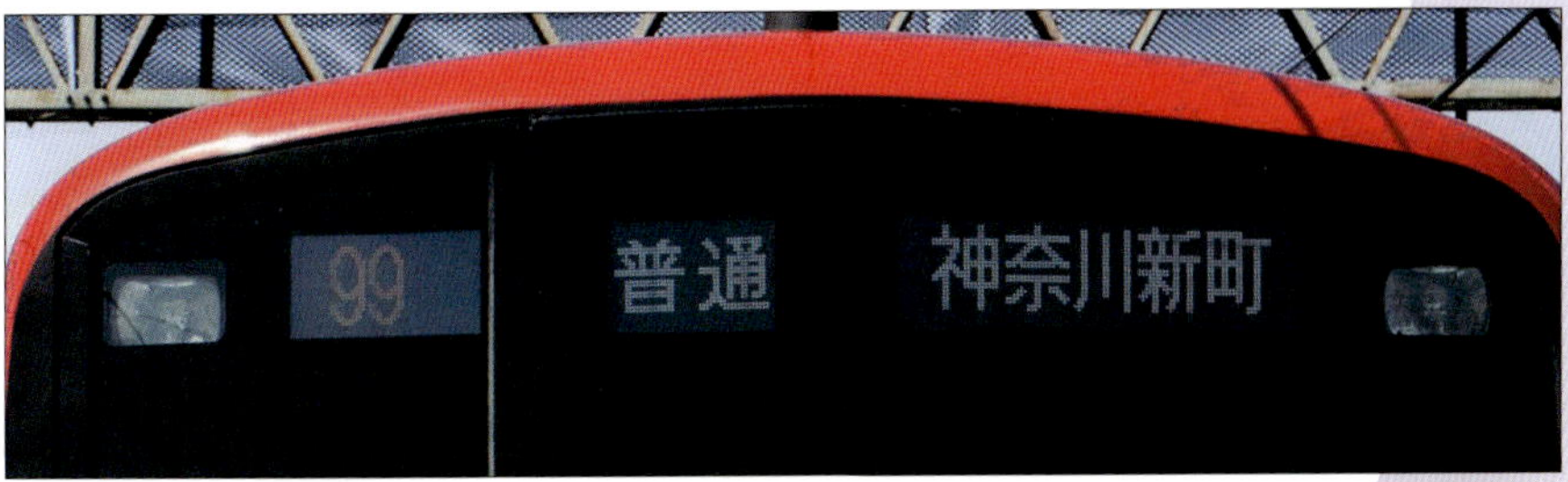

これは南田からのリクエスト。そもそも 2100 形で『普通』ってことがありえない。列車番号に関しては、「ありえないものは何番？」と相談したところ、『99』を出してもらいました。

99 ／ 急行 ／ 西馬込 ／ 妄想方向幕 3

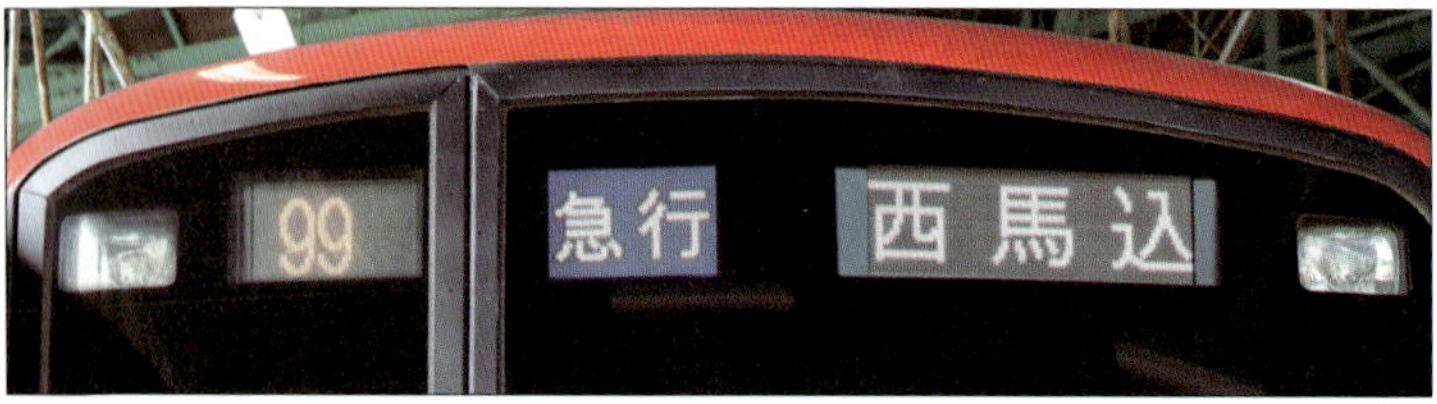

続いては久野の妄想です。種別は『急行』がレアですね。急行と言えば、京急さんの場合は『エアポート急行』になりますから。西馬込行きにしたのは、泉岳寺より先に行ってほしいなと思ったからです。

4 妄想方向幕 ＼ 99 ＼ 普通 ＼ 浦賀

南田リクエスト2つ目。京急線の本線は三崎口駅が終点ではなく、浦賀が終点です。しかし京急の４番バッター2100形は浦賀まで行く機会が多くありません。行っていません。だから品川から浦賀まで全ての駅に停車する普通列車で2100形に乗れたらいいなと思いました。

99 ／ 普通 ／ 羽田空港⇔京急蒲田 ／ 妄想方向幕 5

羽田空港～京急蒲田は運用としてないものですよね。しかも『普通』（笑）。両方向の矢印（⇔）が出るだけで、一気に醸し出される〝大師線感〟も堪らないですね。蒲蒲線が実現したら、「東急蒲田（矢口渡）⇔羽田空港」などを見られる日が来るのかなー？

99 ／ 快特 ／ 品川方面 印西牧の原 ／ 妄想方向幕 6

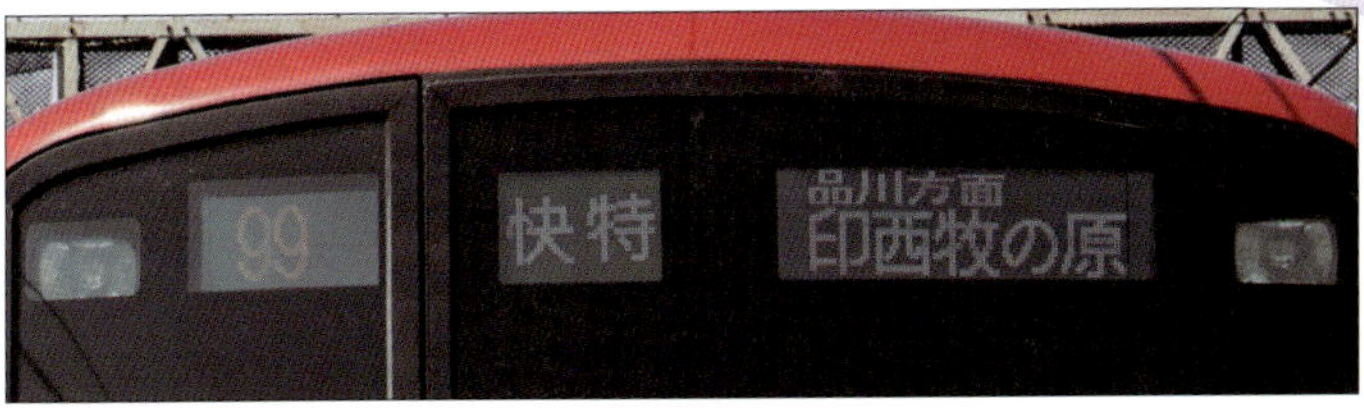

係員さんも苦笑いしています。申し訳ありません（笑）。念のために補足しておくと、『印西牧の原』は東京都葛飾区から千葉を走っている北総鉄道北総線の駅。2ドア・クロスシートの2100形は泉岳寺以北に入ることがないので、これはレア！北総線内で9100形・C-Flyerと並んでいるところを一度でいいから見てみたい!!

7 妄想方向幕 ＼ 99 ＼ エアポート快特 ＼ 京急川崎↔小島新田

大師線（空港へは行かない）でエアポート快特なんて出ます？　出た！　すごーい!!　しかも大師線って4両編成なのに12両で行っちゃいますか（笑）。これはテンションが上がりますね！

社員食堂にお邪魔しました！

ようこそ京急食堂へ

活力の源として欠かせないのが〝食〟。
鉄道会社で働く人々が、
どんな食事でパワー補給をしているのか知りたい!
そこで、京急さんの社員食堂を取材させてもらいました。
社員さんたちのお話を聞き、メニューをチェック。
もちろんお昼ご飯もいただきました。

社員さんに聞きました

社員食堂の魅力はうまい・安い・ボリューミー

われわれ取材班は11時20分ごろに到着。少し早めということもあり、まだ大混雑というわけではない様子。そんななか、お食事中の運転士&車掌さんにお話を伺いました。

——お食事中にすみません！ お2人とも牛丼ですね。お気に入りですか？

Nさん そうですね。糸こんにゃくが入っていることで、和風な感じが増しています。あとは、カレーもおすすめです。

——この食堂の魅力とは？

Nさん まず安いところ。そしておいしい。ボリューミーな点も気に入っています。

——Iさんはたくさん召し上がっていますね。

Iさん 天ぷらそばとミニカレーを組み合わせました。時には、コンビニのパンで済ませることもあるので、時間があるときは、しっかりと食べるようにしています。

——体力をつけないとだめですもんね。そちらのKさんのメニューは？

Kさん 最近メニューに加わった『鶏のレモンペッパー焼き定食』です。

——何だかオシャレ！ 食堂はよく利用されますか？

Kさん はい、しょっちゅう！ おいしくて安い。大盛りもあるのでお腹も大満足です。

——なるほど！ そういえば正午を過ぎて、どんどん賑わってきましたね。皆さん、ご多忙のところをありがとうございました！

メニュー
紹介

バラエティ豊かなメニューから代表的なものをピックアップ

※価格は取材時のもの

季節
限定!

冷やし中華

人気の高い季節限定メニュー。トッピングは定番のタマゴ、ハム、きゅうりの他に、うどん・そばと兼用のわかめや天かすもあり! 写真は普通盛 310 円、大盛 350 円。久野は普通盛をいただきました。食レポは P.126 で。

デラックス定食

鶏肉、コロッケに加え、インゲン豆のごま和えやキャベツなど、デラックスなだけではなく、栄養バランス抜群な一品。写真はライス普通盛 370 円。しっかりと食べたいときには大盛にしても同額なのでお得!

時間のないときに助かります!

お弁当

食堂と同じメニューを同じ価格で提供。
好きなタイミングで食べられるのが
ありがたい

おにぎり・いなり

麺類と合わせるなど、
もう一品欲しいときに！
おにぎりは 100 円、いなりは 50 円

人気 No.1

牛丼（丼物）

曜日ごとに替わる丼物は、すべて普通盛が 310 円、大盛が 350 円。この日のメニューは牛丼。期待を裏切らない安定のおいしさ！鉄道の仕事は、定時運行が大原則。スケジュールがタイトで時間的余裕がないときにでも、ガッとかきこめるのが GOOD！

コロッケカレー

程よくスパイシー。このボリュームで 350 円！カレーは他にも、ノーマルな『カレーライス』、ボリューム満点の『カツカレー』、P.122 でインタビューに答えてくれた I さんのように、麺類と合わせて食べても OK な『ミニカレー』があります。

『仙台みそハンバーグ』
『あじ磯部フライ』etc…

日替定食のメニューが豊富！

入口に置いてある日替定食のメニュー表

冷やし中華の食レポします

昼食に季節限定メニューの冷やし中華をいただきました！

「うん、美味しい！　麺に弾力があってもちもちしています。卵麺の卵の味が効いています。冷やし中華にわかめのトッピングは初挑戦ですが、合いますね。磯の香りがして、さっぱりします」

　皆さん笑わないでくださいよ。食レポも、私の本業ですからね(笑)。

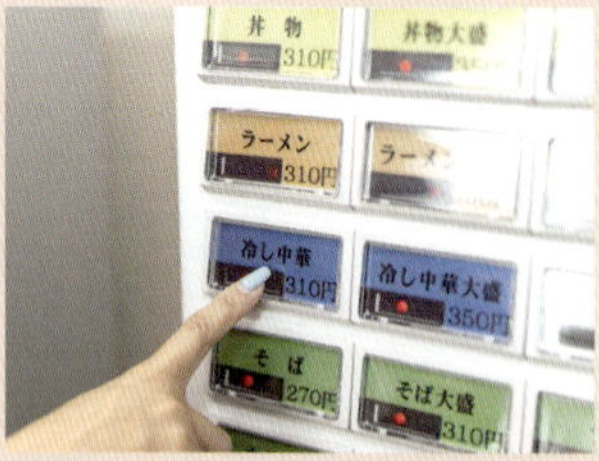

季節限定の冷やし中華。まずは食券購入

トッピングはセルフ。そばやうどんと兼用のため、わかめもあり。ここはもちろん全部乗せで！

おいしい！　麺がもちもち！

食堂の担当者さんに聞きました

満足してもらえる食事を提供するための特徴とは？

京急で働く人々から愛される食堂を支えているのがジョイフルランチ（奥原商事）。社員食堂や、弁当、ケータリングなどのサービスを行っている会社です。担当の方にお話を聞くことができました。

——数あるメニューのなかで、人気の高いものは何ですか？

「3位は麺類。2位は日替定食。そして1位は丼物ですね。丼物は曜日によって替わり、今日の牛丼の他に、焼き肉やチンジャオロース丼などがあります」

——確かに牛丼を召し上がっている方が多いですね。食堂を運営されるうえでは、どういった点にこだわっていますか？

「調理場のスペースが限られているので、一日約200食（昼食150・夕食50）すべてをこの場で作るのは難しいんです。だから、昼は、弊社の給食センターの大きな鍋を使うなどして調理をします。そして出来上がったものを保温状態で運び、ここで温めなおして盛り付けています。一方、比較的少ない夕食分は、ここで調理してお出ししています。2つの手法を使うことが特徴であり、バラエティ豊かな食事を提供することがこだわりです。また、乗務員さんたちをお待たせしないように、心がけています」

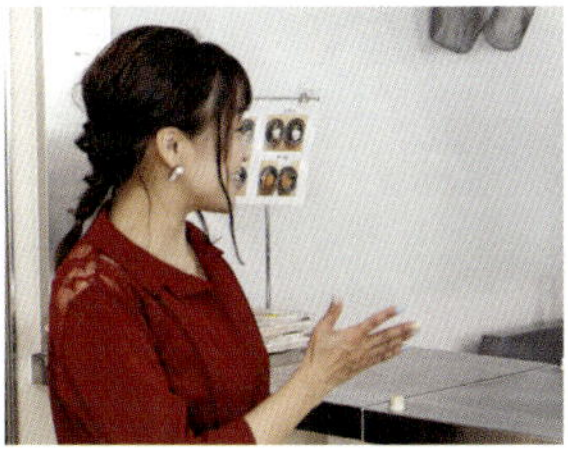

——お腹も満足できて、お財布に優しい食事ができる理由がよくわかりました。冷やし中華もおいしかったです。ごちそうさまでした！

京急オープントップバスに乗ってみた!

三崎口駅〜城ヶ島間を運行するKEIKYU OPEN TOP BUS 三浦。屋根のない2階建てバスで、三浦半島の絶景を楽しめるのがウリだが、実は京急ファン垂涎モノの細かなこだわりが詰まっている!

スタート!

いざ、三崎口駅へ!

ある日突然、久野&南田氏から編集部に連絡が……。「京急の本なら、オープントップバスに乗らなきゃダメでしょ!」「え? 鉄道本なのに、バスですか?」そんな編集部の戸惑いをよそに、行ってきました! 三崎口駅!

オープントップバス、いきなり登場!

改札を出ると目の前にはひときわ存在感を放つバス車両が! これが噂のオープントップバス!

チケットを購入して乗車!

チケットもしっかりと購入して、片道コースにいざ乗車!久野「けいきゅんだ!可愛い〜!」「お、ナンバープレートは『2100』ですね!」と2人ともいきなりテンションが上がる

KEIKYU OPEN TOP BUS 三浦って何?

1日3便(うち2便が三崎口駅発→城ヶ島着の片道コース、1便が三崎口駅発→城ヶ島経由→三崎口駅着の周遊コース)を運行。京急の車両2100形をモチーフに、細部までこだわり抜かれた「世界に1台」の車両で、三浦海岸の絶景を楽しむことができる。

● 料金(全席座席指定)

大人(12歳以上)……1,000円
小児(6歳〜11歳)、
幼児(4〜5歳)………500円

※12歳の小学生は小児扱い。
4歳未満は安全確保のため、乗車できません。

※乗車券は三崎口駅付近のKEIKYU OPEN TOP BUS 案内所にて、現金購入、もしくは「みさきまぐろきっぷ(三浦・三崎おもひで券)」との引き換えを選択。

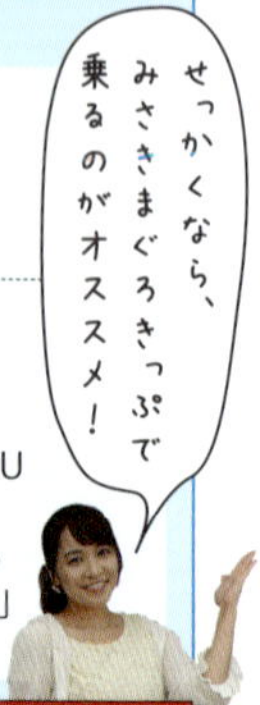

	出発時刻	所要時間	コース	定員
第1便	10:30発	約30分	片道コース(三崎口駅発→城ヶ島着)	各便42名(2階席のみの案内)
第2便	12:30発			
第3便	15:00発	約60分	周遊コース(三崎口駅発→城ヶ島経由→三崎口駅着)	

ガイドさんの話術は、まさにプロの技!

バスに乗車すると早速前方のバスガイドさんからご挨拶。ここから道中の 30 分間、情報&時事ネタ&笑いの詰まった見事なガイドっぷりを見せてくれました。さすが、プロ!

信号が近い!

背の高い2階建てバス、しかも天井がないので、信号機や看板、料金所の屋根が間近に。普段、見慣れているはずなのに、「近い」だけでなぜかテンションが上がる。同乗していた（京急ファンと思われる）小学生たちも「すご〜い!!!」と大興奮

スイカ&キャベツ畑も!

道中にはキャベツやスイカ畑が。この日はあいにく収穫後の時期だったが、夏前には見渡す限り緑の畑が広がっているそう

絶景ポイントを見逃すな!

自然の豊富な三浦海岸の地を走り続けるオープントップバス。海あり、山あり、撮影ポイントも豊富だ。久野「見てください!　城ヶ島大橋、見えてきましたよ!」南田「……ん?　どこ?」

何気にレア?
バスの天井も見える!

しばらく走ると南田氏のテンションが急に上がる。「見てくださいよ! 背が高いから普通のバスの天井が見えます!」確かに、バスの天井を上から見る機会、意外とレア体験かも!?

バスも景色も、
おいしいマグロも
堪能できて
最高でした!

ゴール!

無事、城ヶ島へ!

城ヶ島大橋を渡り、無事到着!運転士さんとガイドさんに少しだけお話を伺う。バスがこの 1 台しかなく、子どもが乗ることも多いので、とにかく安全第一で運行するとのこと。最後は記念写真もパシャリ。この後、三崎港の絶品マグロを堪能して帰宅の途につきました

オマケの1枚

城ヶ島の停留所脇にあった自動販売機も、京急バス仕様に!さすが京急さん、仕事が細かいです!

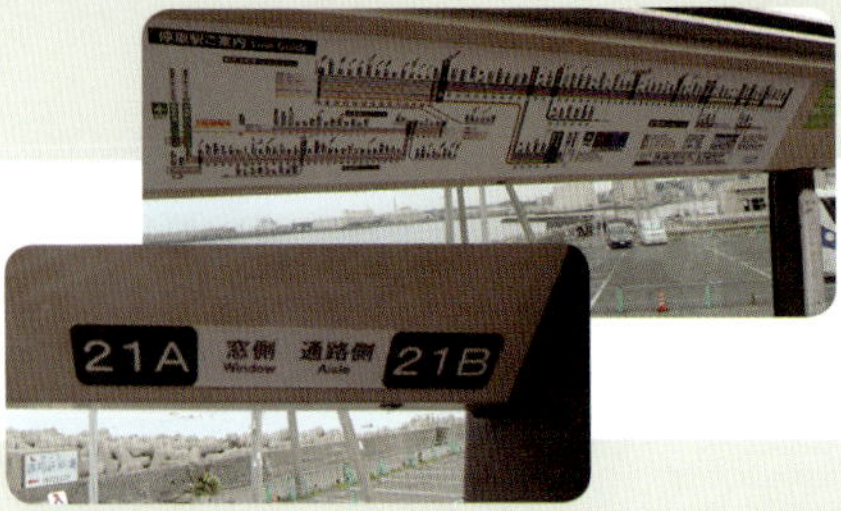

車内には京急の停車駅案内図や京急車両に使われているものと同じ座席番号案内が。細かい、細かすぎる……

京急オープントップバスの かゆいところに手が届いた こだわりポイント

外観も内装も、京急2100形がモチーフ！こだわりも凄い！

バスの正面には京急電鉄のマスコットキャラクター「けいきゅん」が！

車内には京急 2100 形と同様デザインの車号銘板が貼り付けられている。これに気付けたら、なかなかの京急ファン !?

南田氏も最初に気付いたバスのナンバープレートは京急 2100 形にちなんだ「21-00」。ホント、細部まで徹底した仕事ぶりに感服！

1階のカーテンも京急2100形と同じものを使用！

1階の客席シートとヘッドカバーは京急 2100 形のシートと同じ生地を使用。久野&南田氏も「うわ、ホントに同じだ！」と興奮を隠しきれず

2階の座席は京急 2100 形シートの手すりと同系色に！

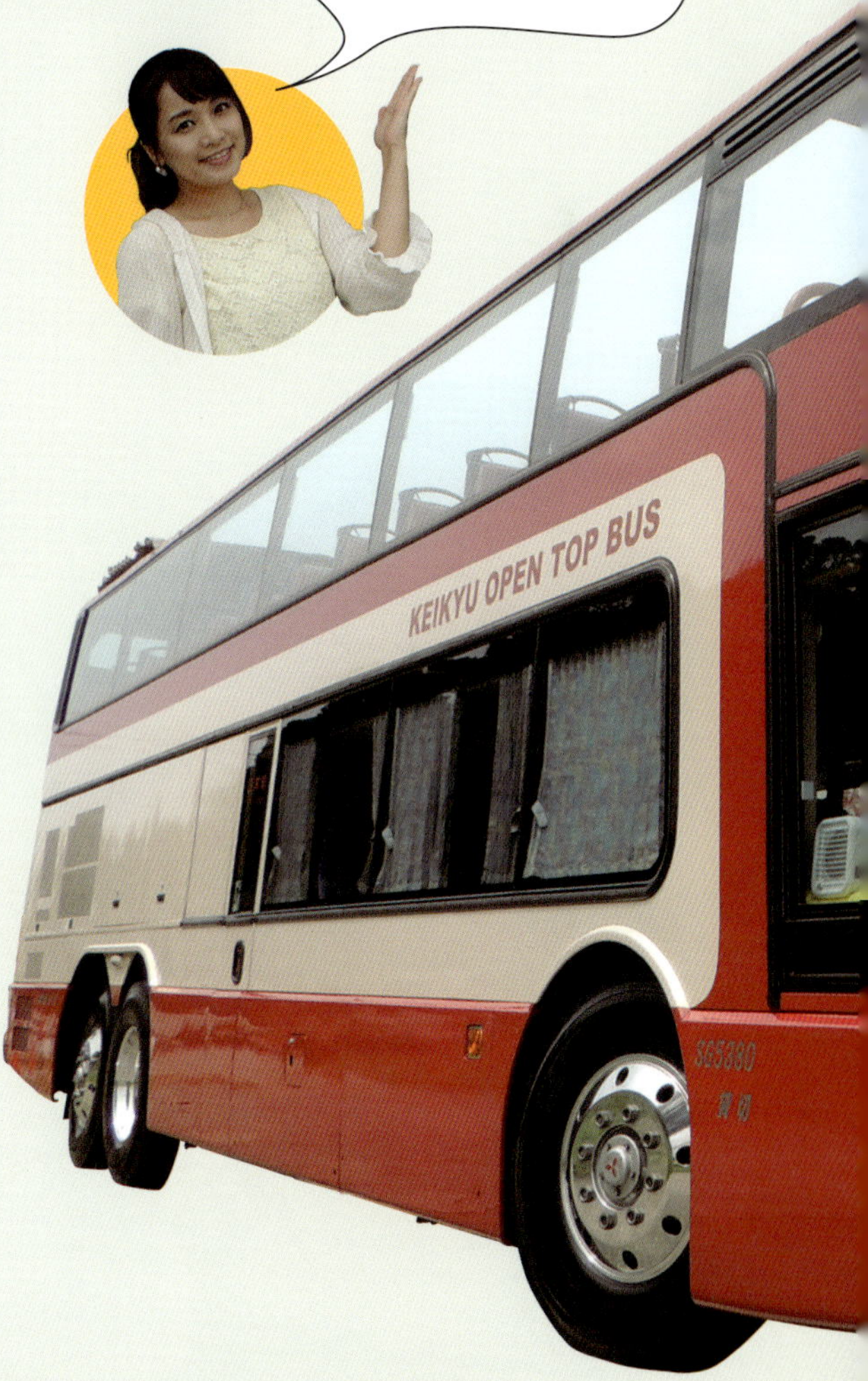

京急オープントップバスを支える

運転士さん&バスガイドさんに聞きました！

運転士
熊井さん

ふだんは路線バスの運転もしながら、ローテーションでオープントップバスの運転をしています。車両の大きさも全然違うし、何より特別なバスなので絶対に事故がないようにということは心がけています。大型バスの運転は以前にも経験があって、ルートは路線バスとは少し違いますが、見所や景色の良いところでは少しゆっくり走って、できるだけお客様に楽しんでもらうことを意識しています。

バスガイド
洞口さん

以前もバスガイドの仕事をしていて、オープントップバスの運行がはじまった２年前に、ガイドとして現役復帰しました。私も含めて４人のガイドがいますが、全員が経験者です。お客様の中には、もしかしたら一生に一度しか三浦に来ない方もいるかもしれない。そういう気持ちで、少しでも心に残るようなガイドを心がけています。最後に「ありがとう」と言ってもらえたり、笑顔が見せてくれたときが、やっぱり一番うれしいですね。

KM 07

六角 精児さん

Seiji Rokkaku

（俳優）

古き良き飲み屋がたくさんあるそれ自体が最大の魅力、何よりも素晴らしい

俳優として活躍する六角精児さんが、呑み鉄であることはご承知の通りだろう。その六角さんにとって、京急沿線はどのように映っているのだろうか。

六角さんと言えば〝呑み鉄〟の第一人者！
以前、京急鉄道フェアステージで沿線の呑み鉄スポットについてお話を伺ったことから、是非その奥深さを教わりたいと熱烈アプローチ!! 稽古期間中のお忙しい中、鉄道好きになったきっかけやルーツについてもお聞かせいただきました！

PROFILE

1962年6月24日生まれ、兵庫県出身。俳優。1982年の劇団「善人会議」（現・扉座）の旗揚げメンバー。テレビ朝日ドラマ「相棒」シリーズで米沢守役として人気を博し、2009年「鑑識・米沢守の事件簿」で映画初主演。現在は舞台、ドラマ、映画など多方面にわたり活躍。鉄道ファン（乗り鉄）としても有名で『タモリ倶楽部』への出演の他、NHK BS プレミアムにて『六角精児の呑み鉄本線・日本旅』が好評放送中。

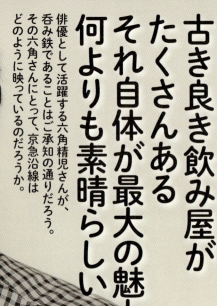

京急との付き合いは、ギャンブルと飲み屋

実家が神奈川県の相模原で、都心に出るには小田急線、横浜に行くには相鉄線があったので、京急にはほとんど乗ったことがありませんでした。

僕と京急と濃密に関わりができたのが20代の頃です。当時の僕は売れない劇団員で、同じような境遇の後輩と借金した資金を手に花月園前駅に通っていました。当時、花月園には競輪場がありました。僕にとって京急との明確な付き合いは、ギャンブルが縁で始まったんです。

花月園前駅の周辺で飲むことはありませんでした。なぜかというと、そのあたりで飲むと家に帰るのが面倒になるから。まあ、だいたいオケラでしたけど（苦笑）。それにしても、なんであんなに競輪が好きだったのかな。その頃モーニングの『ギャンブルレーサー』という漫画が好きだったことと、人間が一生懸命ペダルを漕いでいる姿が美しいと感じたことでしょうね。だから競馬にはまったく興味が湧きませんでした。

全国の競輪場にも行きましたね。地方公演のついでに、です。現在も所属している劇団は当時、地方公演が多くて、いろんな都市を回っていました。地方都市の市民の皆さんが会費を集めて劇団の芝居を呼ぶシステムがあるのですが、それで数ヶ月にわたって旅回りをしたんです。

地方に行く移動手段は電車でした。今考えると、日本全国の6～7割の路線を走破した計算になります。北上線にも乗ったなぁ。鉄道は芝居と競輪のために使っていたようなものでしたが、不思議とずっと乗っていても飽きない。電車に乗ることが嫌いじゃないなとは漠然と思っていました。

京急は飲み屋に行く手段でもありました（笑）。京急沿線は昭和的な店がまだまだたくさん残っていますよね。品川から乗ったら平和島、蒲田、日ノ出町、黄金町、横須賀中央と沿線にいい飲み屋がたくさんあるじゃないですか。

平和島には素敵な飲み屋街があって、安くて美味しい居酒屋がたくさんあります。最近もテレビ番組ロケで4軒はしごしたけど、鶏肉やうなぎを安く食べさせてくれる庶民的な店が多いんです。

平和島といえば競艇（ボートレース）でしょう。4年前くらいから競艇にハマっているので、平和島は足繁く通っているんですが、ボートレース平和島の一帯は、温泉施設、パチンコ、ドンキホーテもある巨大エンタメ地帯です。帰りの無料バスはいつも行列で、私を含めたバスの乗客全員の所持金を集めても２０００円くらいしかないだろうなというしみったれて虚ろな雰囲気。まさに勝負は紙一重。駅

スカパー!鉄道チャンネル「鉄道フェスティバル」ステージ（2011年10月）

スカパー!鉄道チャンネル開局年、初めて公開収録をご一緒させていただきました! ダーリンハニー吉川さん（P.140）の相方・長嶋トモヒコさんと♪

三浦海岸
Miurakaigan
快特
Limited Exp.
1A
京浜急行
ありがとう 2000形
1983
2018
停止位置

快特 11A
三崎口
KHK1000
60
TH
ANNIVERSARY
1351

横須賀中央駅周辺の飲み屋が一体となって売り出す「横須賀ブラジャー」

横須賀中央駅前に広がる
若松マーケットは昭和感の塊

名もいっそ「夢をつかもう平和島駅」にしちゃえばいいのにって思うんです（笑）。

ついでに京急川崎は競輪と競馬がある欲望の街です。港町駅は「川崎競馬場前駅」に変更しましょう。また京急川崎付近は駅近くにいい居酒屋がたくさんあって、焼き鳥とホルモンのうまい店も多い。繁華街も風俗街も充実して、人間の欲が詰まっている感じがたまりませんね。

そして、思い出の花月園前駅。ここに向かう車中、自分はどんな気分だったのかな。たぶん勝利への期待にウキウキしてたんでしょうね。でも、行きは夢があったけど、全部失った帰りはどうやって帰ってたのかも思い出せないなあ。

僕の車券の買い方は大体連単。9台の中から1着2着を当てる方法で、固い車券で確実に稼ごうとしてもなかなか当たらないんです。そして結局すっからかんになって帰る。でも、僕は勝負事自体が好きだったんです。借金も膨らんでこのまま続けたら破滅するのがわかっていたけど、その背徳的な心地よさも楽しんでいた。うまい具合に人生の道を踏みはずさなかったのはただ運が良かったからです。

昭和感と酒飲みを誘う京急沿線

横浜の思い出はダイヤモンド地下街と屋台。40歳を過ぎて日ノ出町近辺に住んでいたことがありますが、今思えばなんにもいいことがなかった暗黒の時代でした。それでも横浜駅近くの川沿いには屋台が連なっていて、そこをつれづれに飲み歩くのが好きでした。

酒飲みで知らない人はいない野毛という街も近くにあります。野毛といえば高校時代から演劇をやっていて、紅葉坂の横にある青少年センターという会場で芝居をやるたび、青少年センターに向かう途中にすごい街並みがあるなって気になっていたんです。

野毛は飲み屋街で、場外馬券場やストリップ劇場も隣接しています。その昔、芝居でもらった花束を手にしてストリップにいったら、踊り子さんにプレゼントと間違えられて持って行かれたことがあったなあ。

横浜という街はみなとみらいや中華街とか、海側を売り出していますよね。きれいでスタイリッシュなイメージ。でも日ノ出町、桜木町など昔ながらの景色が残っているのも事実。僕はね、横浜の良さはそういう部分にあるんじゃないかと思うんです。

野毛のようにあれだけの広範囲に昭和感が残っているところは他にないでしょう。この近くには図書館も動物園もある。野毛のある日ノ出町駅は「大人も子どもも楽しめる 日ノ出町駅」でいいんじゃな

京急鉄道フェア 2018
（2018年12月）
六角さんが京急鉄道フェアに初参戦！呑み鉄トークをたっぷり伺いました!!

いかな。

横須賀中央駅は初めて降りた瞬間に「いい街だなあ」と思ったんですよね。駅前に広がる若松マーケットはこれまた昭和感の塊。野毛よりそれぞれの店が小さくて、一軒一軒がぱっと見、入りづらい。怪しげな感じがするし怖そうだけど、入ったら意外とフレンドリーなんです。

不思議な街ですよね。駅を降りると、飲み屋の名前を書いたたくさんのちょうちんが手招きしている。昔の下北沢みたいな猥雑な雰囲気があって、まだこんなところがあるんだってうれしくなりました。

今はこの街の飲み屋が一体となって「横須賀ブラジャー」というブランデーとジンジャーエールのカクテルを売り出していますよね。連帯感があるということは組合がしっかりしているんだよね。つまり、安全な飲み屋が多いということなんです。

京急沿線は未開の地だらけ

京急は速い、赤くてかっこいい、いろいろ愛される理由があるんだろうけど、呑み鉄としては何よりも古き良き飲み屋がたくさんあることが最大の魅力なんです。昭和の面影を残している、それ自体が素晴らしいことだと思いませんか。

これでもまだ、京急沿線は未開の地だらけですよ。一つ一つの街に、いろんな飲み屋があって、それを開拓するには数年かかるでしょうね。途中でいい店があったらそこの行きつけになっちゃって、さらに時間がかかるんでしょうし。

最後に私からのアドバイスを。もし知らない街の飲み屋を攻めるんだったら、まずは街外れにあるひなびた店に入ってほしいね。そういう店ってワクワクするじゃないですか。最初からおいしいって決まっているところに行っても何か物足りない。失敗だって面白いじゃない。京急沿線にはそんな冒険したい街がまだまだたくさんあるんですよね。

取材当日
(2019年9月)

「鉄道に人生を救われた」と語る六角さん。僭越ながら私も同じことを感じることがあるので、共感しきりでした。
茶目っ気たっぷりに語ってくださるお姿に、いつもいろんな現場で支えていただいています！次回は呑み鉄の席で、お話伺いたいな♪本当にありがとうございました！

KEIKYU FAN

第3章

ようこそ、京急妄想鉄道の旅へ

KM 08

吉川 正洋さん

Masahiro Yoshikawa

（ダーリンハニー）

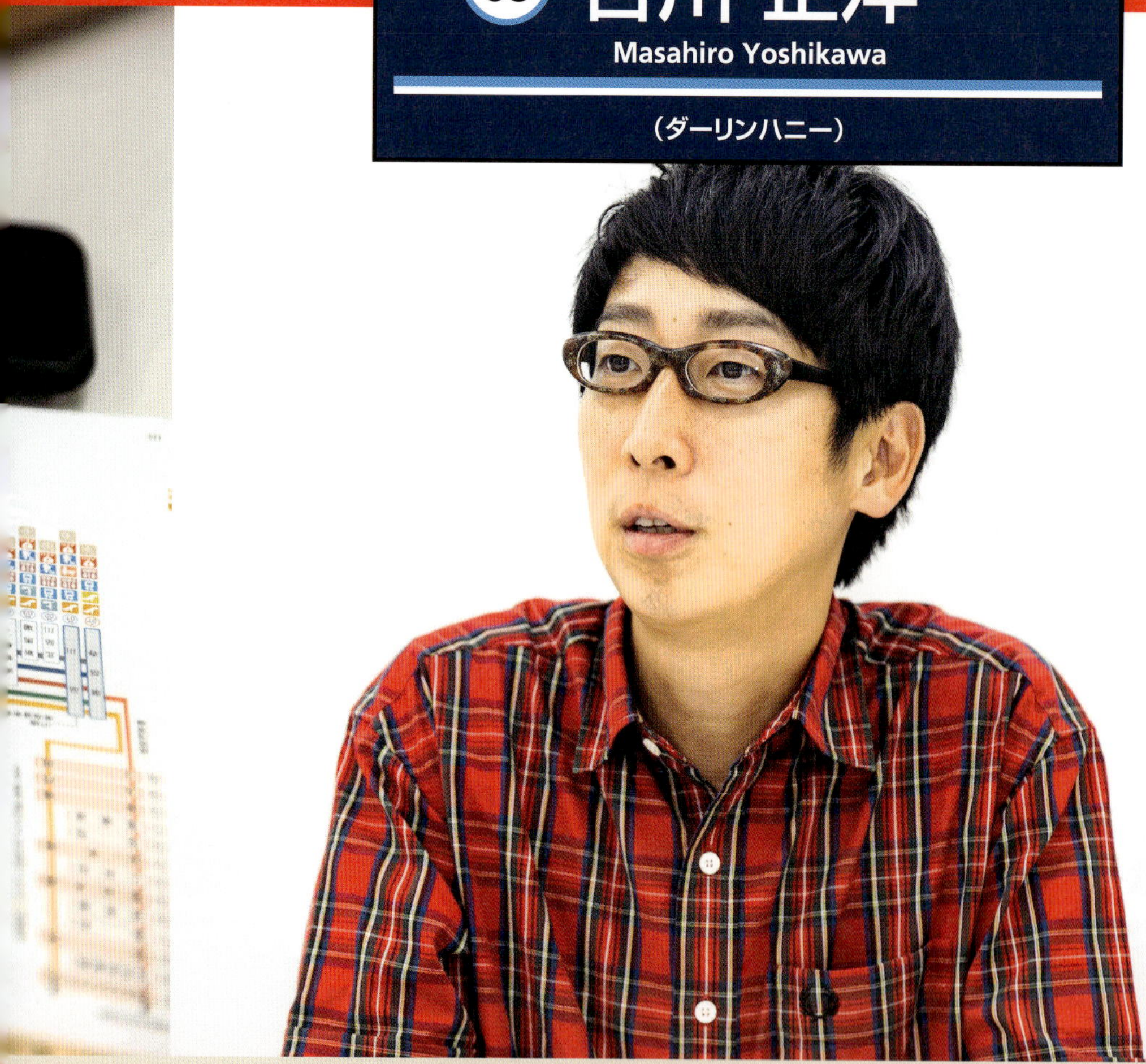

いつか横浜スタジアム線ができたら「ハマスタへビュン」というCMを（笑）

前作『鉄道とファン大研究読本』に収録した妄想鉄道の項に読者から想像以上の反響があった。そこで、今回も吉川急行電鉄を妄想で運営されている、お笑い芸人の吉川正洋さんにご登場いただき、京急の妄想鉄道と、さらに吉川急行電鉄との連携についても伺った。

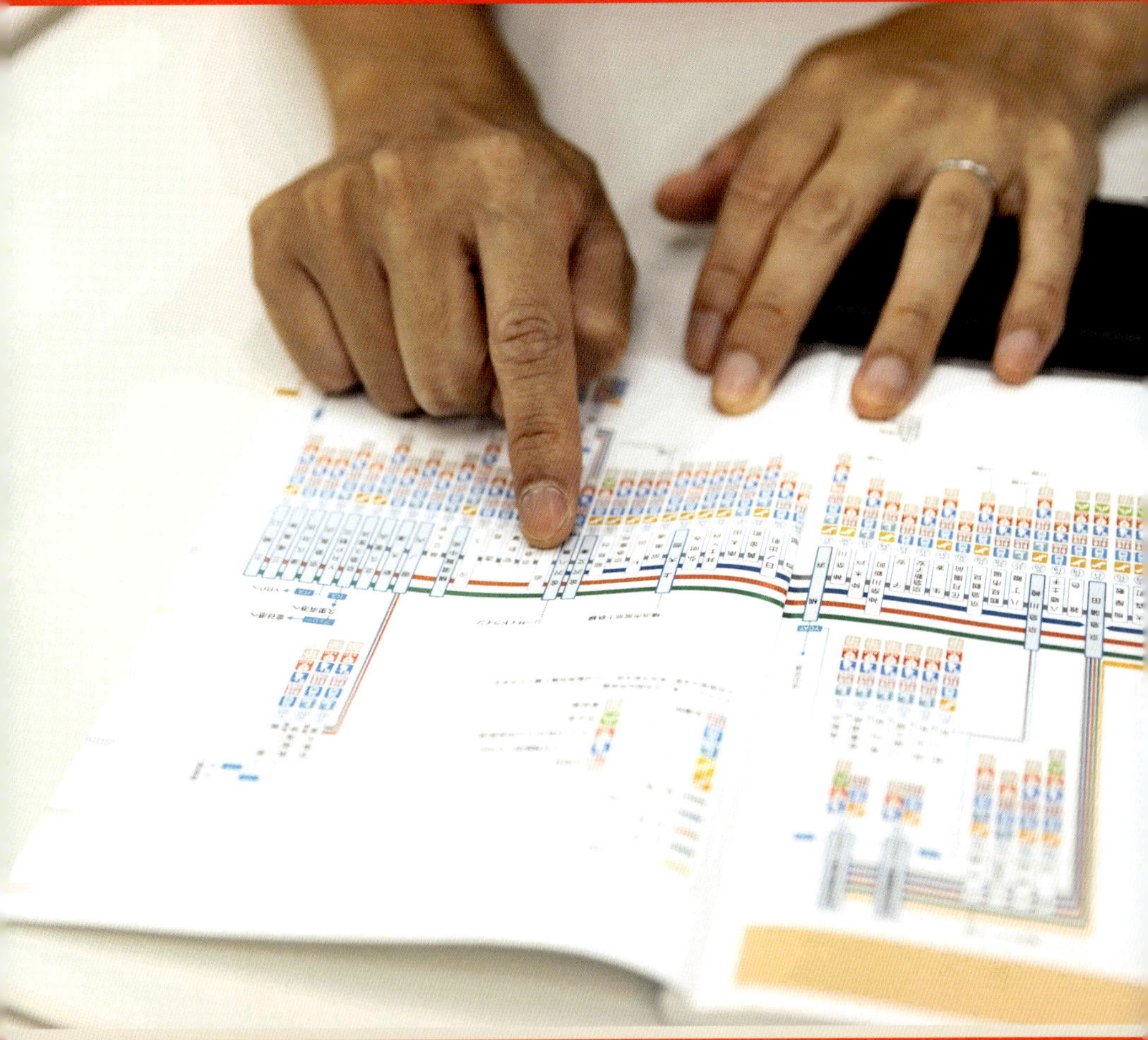

PROFILE

1977年12月23日東京都出身。2000年2月、長嶋智彦(脚本担当)とお笑いコンビ「ダーリンハニー」を結成。大の鉄道ファンとして知られており、『タモリ倶楽部』『アメトーーク!』(テレビ朝日)の鉄道企画にたびたび登場している。『笑神様は突然に…』(日本テレビ)の鉄道BIG4の一人。著書に『ダーリンハニー吉川の全国縦断鉄博巡り』(メタモル出版)。熱狂的な横浜 DeNA ベイスターズのファンでもある。

鉄道の兄と慕う、吉川さん! 前作「鉄道とファン大研究読本」で妄想鉄道のイロハを教わり久野もチャレンジ。姉妹鉄道提携の〝久野沖縄鉄道〟が誕生しました! そんな吉川さんが、もし京急で妄想鉄をしたら…!? 京急との出会いや、野球鉄ならではの構想もお伺いしました!

京急との出会いは小学校時代です。

初めて乗ったのが小学校低学年。ある日、京急川崎駅の売店で応援している大洋ホエールズ（現横浜DeNAベイスターズ）を特集した専門雑誌『月刊ホエールズ』が売っていたのを見つけたんです。

当時の大洋はポンセ、パチョレックの優良助っ人外国人と、スーパーカートリオと呼ばれた3人が大活躍したりと、個性的な選手が多い魅力的なチームでした。でも、東京では巨人の人気が圧倒的で大洋ファンなんてほとんどいない時代でしたから、その雑誌欲しさに、京急に定期的に乗るようになりました。

小学1年生のときに、2000形が登場しました。83年にデビューした2000形はまさにスーパースターと呼ぶにふさわしい車両で、デビュー前から話題になっていたんです。

僕が住んでいたのは東急新玉川線（現田園都市線）沿線で、東急は緑色の車両か銀色のステンレス車両だったんですね。でも、京急は鮮烈な赤。東急もスタイリッシュで好きでしたが、あの赤にも心を奪われましたね。

実際に会いに行って一目惚れですよ。通勤形なのに、クロスシートでカーテンもあって、正面の顔もかっこよかった。スター感が違いました。『鉄道ファン』で2000形が表紙を飾った記念すべき号は今でも大切に保管しています。2018年の引退セレモニーで最後に乗り納めできたのは感無量でした。

京急はまるで大洋ホエールズ

小さい頃から鉄道ひとり旅を始めました。小学1年生で箱根湯本まで急行で行ったこともあります。そのときは箱根湯本駅改札を出てたこ焼きを食べて帰ってきました。行き帰りの4時間は運転席の後ろでひたすら前面展望です。

京急だと2年生で三崎口まで行っています。2000形が速くてびっくりしました。体が未知の速度を感じる。前面で見ると、あのすれすれを走るんだとか、カーブのまま加速したり。なによりガラスが大きくて前面が見やすかったんです。千代田線の6000系、半蔵門線8000系に比べると、めちゃくちゃ見やすい。鉄道ファンにとってはありがたいですよね。

普通電車でも加速とスピードは感じましたよね。大洋は快足が売りのスーパーカートリオを推していたので、大洋と京急が重なり合ったのかもしれません。

当時は巨人が強くて、周りのみんながジャイアンツファンでした。僕は昔からちょっと天邪鬼なところがあって、王道に行かないんですね。品川―横浜

スカパー!鉄道チャンネル「鉄道フェスティバル」ステージ（2011年10月）

スカパー!鉄道Ch開局年、初の鉄道フェスティバル舞台裏にて。後ろに野月さんも（P.150）

引退イベント特別貸切列車「ありがとう2000形」（2018年3月）

2000形引退の惜別イベントにて、ななめ45°岡安章介さんとご案内役を担当!

間で並走する区間においていえば、巨大な国鉄＝ジャイアンツ、京急＝大洋、そんなイメージが僕の中に勝手にあったのかもしれません。

禁断症状の強い鉄道

京急沿線だと六郷土手、雑色あたりの風景が好きでした。六郷土手駅で降りて、駅前で団子を買って、電車をぼーっと眺めていたこともあります。河原で団子と鉄道を愛でる。小学生とは思えませんよね（苦笑）。

梅屋敷駅はドアカットの様子をよく見に行きました。そういえば梅屋敷も大洋っぽいですね。大洋の屋鋪選手は字が違いますが。今気づきました（笑）

地上時代の昔の羽田空港駅も好きでした。駅から空港までバスが出ていました。だけど空港に行くときはだいたいの方がモノレールを使っていましたよね。今では考えられないですよ。駅前も寂しいところで、それがなぜかグッとくるんです。

京急沿線には小さな工場も多くて、古き良き力強い昭和の風景が溢れていますよね。乗客の方もいろいろな人がいて画一的じゃない。京急はときおり無性に乗りたくなるんですが、禁断症状が特に強い鉄道なんです。

話が戻りますが、TBSから親会社が変わると

取材当日
（2019年9月）
南田マネも、最後にご挨拶を。「太田プロさんに来るの初めて!」とソワソワ（笑）
いつも2人してお世話になり、本当にありがとうございます!!

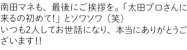

き、京急がベイスターズを買収するのでは?という噂がありました。このときはさすがにゾクゾクっとしました。京急になったらユニフォームの色はどうなるんだろう。そんなことがあっていいのかって。心の整理がつかなかった。

現在はDeNAがとても力を入れて、チーム強化とファンサービスに取り組まれているのをよく知っています。実際、ファンもすごく増えて結果的に良かったなとは思うんですけど、鉄道会社が球団を持つということにロマンは感じますね。

もしも京急が球団を持っていたら、三崎口にスタジアムを作ったかもしれませんね。愛称は「三崎マグロスタジアム(マグスタ)」でしょう。

球場にアクセス抜群の京急(妄想)

京急ファンとしては、横浜スタジアムまでちょっと遠いのがつらいところ。あえて最寄駅を挙げるならば日ノ出町駅か黄金町駅ですけど、20分以上歩きます。京急ナイターを開催したり、ベイスターズとは密接な関係を築いているので、いっそ日ノ出町駅からスタジアムまで支線を引いたらどうでしょう。

日ノ出町駅から延伸するとなると、地形的に横浜方面にしか線路を引けないので、隣の黄金町駅を使ってデルタ線にしようか迷います。日ノ出町駅からピストンでもいいけど、どうせなら直通させたいので。

日ノ出町駅と横浜スタジアム駅の間にもうひとつ駅を作るかも悩みます。野毛のあたりにはいい飲み屋がたくさんあるので、駅を作ってもいいかもしれません。

羽田空港から直結で横浜スタジアムに行けたら、選手の移動の負担も減ります。どうせなら追浜駅の近くにある2軍専用の横須賀スタジアムにも延伸して、横浜スタジアム、横須賀スタジアム、マグスタをつないでもいいでしょう。3つの球場にアクセスできる路線ってなかなかありませんよ。マツダスタジアムみたいに球場からは赤い電車が見えたらいいですね。マグスタは存在すらしませんが。

京急と吉急の接続が始まる(妄想)

こうなったら僕の持っている吉川急行とも接続しましょう。2号線は現在、武蔵小杉駅で計画が止まっているので、横浜方面まで伸ばそうと考えています。東横線とバッティングしないよう、第三京浜の都築インターのほうを経て横浜方面へ向かいます。

途中の子母口、久末あたりは人口が多いので、利用客が見込めます。ここら一帯から、都築インター

2000形に漂うヒーロー感 すぐに一目惚れですよ

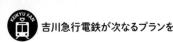

を通って、IKEA港北へ。日産スタジアム、三ツ沢競技場も通って、北側から京急と接続させます。
接続駅は戸部駅です。横浜駅を迂回するとなると、必然的に戸部駅が候補に上がります。横浜を通らないことでバイパス的な路線として活躍するでしょう。

吉急の車庫は砧公園の地下にあるのですが、ここに京急の車両が停車することもあるでしょう。運転区は戸部に設置して乗務員交代はそこで行います。

相互乗り入れにともない、戸部駅を2面4線にして、京急と相互直通運転を行います。吉川急行も三崎口まで乗り入れますので、吉祥寺発三崎口行きという列車が活躍するでしょう。もちろん吉急の車両を快特としても運用していただきたいですね。

京急には、これからも鉄道ファンやテレビ番組とフレンドリーな距離感でいていただきたいです。タモリ倶楽部では品川駅の引き込み線に乗せていただいたり、デトにも乗らせていただくなど、貴重な体験をさせていただきました。

最近だと、漫画とコラボで駅名を変えたりと、柔軟な発想が京急の魅力だと思うんです。僕たちの想像の常に上をいく京急であり続けていただきたいですよね。

遊び心に溢れているけど、鉄道本来の魅力を味わえる。なにより鉄道として最高にかっこよくて魅力

遊び心に溢れているけど、鉄道として最高にかっこいい

的なんです。

あとは、京急は広告にお笑いタレントさんを使いますよね。いつか横浜スタジアム線ができたら「ハマスタへビュン」というCMを僕にやらせてください（笑）。試合が終わった後はビール列車を運用して、ウィニングトレインで乾杯といきましょう。

現在、大規模な改修を進めている横浜スタジアム。

【吉川急行電鉄路線図】

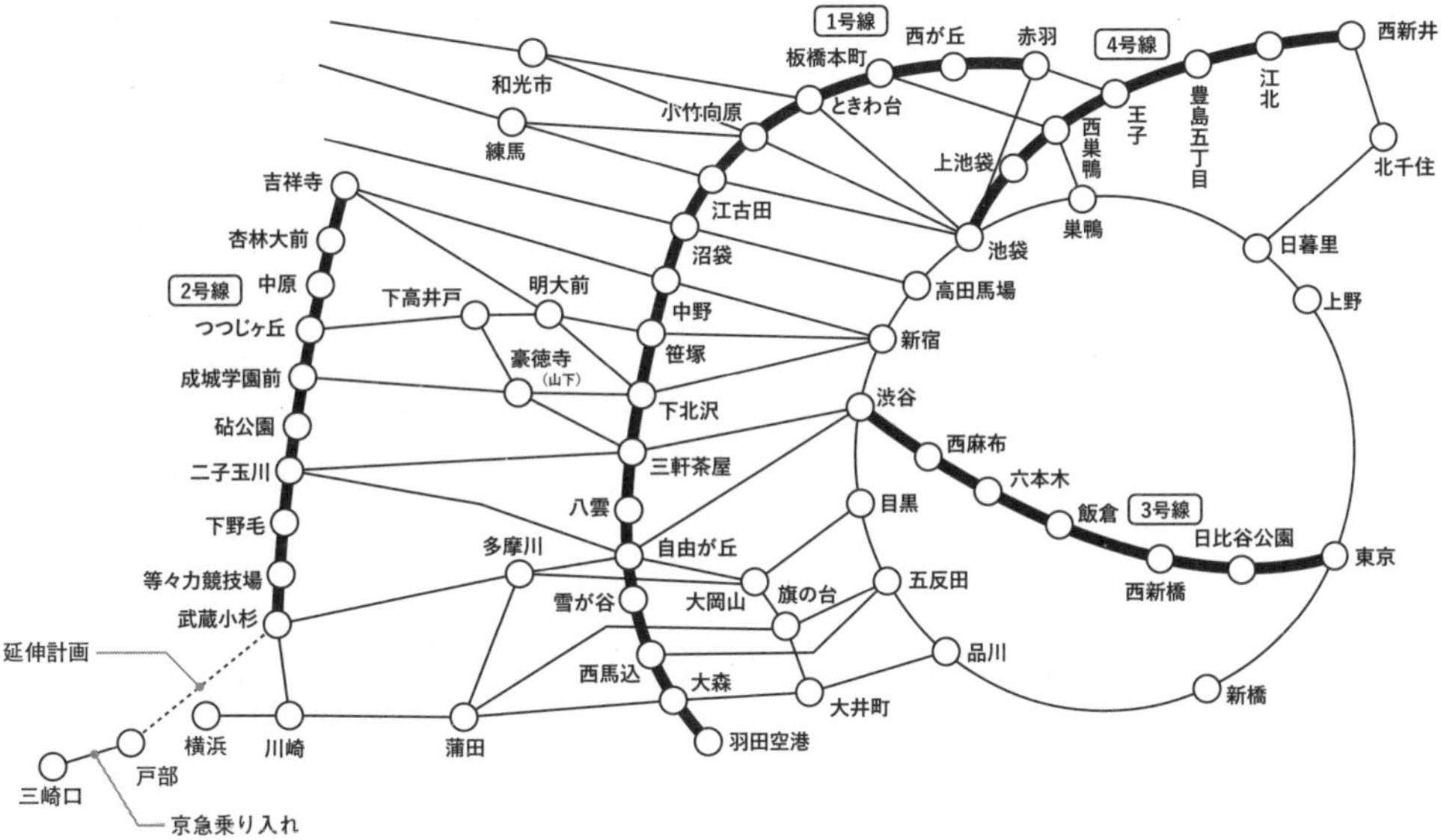

こんなところに
駅があったらいいな。
こんな電車があったらいいな。

私たちが考えた 京急妄想鉄道

自分がもしも、京急妄想鉄道を運営できたなら……
皆さんの勝手で自由な計画の一端を
発表してもらいました！

京急 妄想鉄道 六角版

Keikyu カスタム検索 検索

NEWS PICK UP～六角版の特長

八景から藤沢に新路線を！

京急は JR と並行しているんだから、八景から藤沢まで延伸してほしいなぁ（笑）。

新駅でいうと「京急鎌倉」、「京急藤沢」とか……。もし京急鎌倉ができたら、乗降客がいい感じに分散されるはず。藤沢から八景までは、お金はかかるけど山を通せばいい！

駅前に WING 鎌倉ができるかと思うとわくわくするよ！　穏やかな街にゴーッ！とすごいスピードで京急が乗り付ける……。江ノ島鎌倉切符もできそう。江ノ電の横をすごい勢いで抜かしていく京急……う～ん、見たい！

品川駅に「藤沢行」という電車が停まってるのも面白い！

小島新田はもう、駅名を変えよう！　「川崎貨物」にしちゃえばいいんじゃないかな。

すでに駅があるじゃないか。それなら、「川崎貨物横」でもいいね！（笑）鉄道トンネルも使いたい。

京急 妄想鉄道 岸田版（番外編）

Keikyu カスタム検索 検索

NEWS PICK UP～岸田版の特長

泉岳寺から渋谷・六本木方面へ！

昔から妄想していたのは京急には泉岳寺にから渋谷・六本木方面に行ってほしいなぁと。

それ以外のオリジナル妄想鉄道は以前からよく考えていて、疲れ果てたときとか、すぐそっちのモードに入りますね (笑)。

小学生の頃から関西急行鉄道というのをいつも考えていて、本線は南端が堺。そこから、住之江、難波まで行って、なにわ筋の地下を上下の複々線で、梅田まで。そこから都島・鶴見緑地のほうへ。

そこから茨木、亀岡方面と、寝屋川・八幡方面に分かれるんです。

そこからさらに国道１号線沿いに京都まで行って、竹田で地下鉄と接続……という流れです。

琵琶湖から鈴鹿の山を通って名古屋まで行く路線があってもいいですね。これは標準軌で。京都市内の環状線も考えていました。京都駅に乗り入れて、車庫が向日町にある。

自分の電車はそこに格納したいですね。だから 1067mm。

大阪万博が決まったので、ユニバーサルシティまで延伸も予定しましょう。

ちなみに、現在主力車両の５０００系が廃車進行中。関西急行もシーメンス社製でドレミファインバーターの車両たちが活躍してきました。

ただ、長いことシーメンスを使ったのち、東芝・東洋を交互で使ってきたけど PMSM にシフトしてきています。京急と同じですね（笑）。

NEWS PICK UP〜野月版の特長

貨物扱いに伴い、京急初の電気機関車「EF2100」形を導入

京急では、小島新田から京急線内への貨物継走を行う、標準軌の直流電気機関車を導入。JR 貨物のEF210 形をベースとしつつ、制御機器にドイツ・シーメンス製を採用する。機関車ならではの野太いドレミファインバータ音が特徴。なお、けん引されるコンテナ貨車については、JR 貨物がフリーゲージ車両を開発中で、当面は川崎貨物駅での狭軌・標準軌の台車のはき替えによって対応する。

京急初のジョイフルトレインが登場

創立 120 周年の記念事業の一環として、京急初のジョイフルトレイン「ビバ・ケイキュウ」が登場。2100 形をベースに改造され、客室はオールハイデッカー、車内は窓側に回転が可能な横 3 列のリクライニングシートがならぶ豪華仕様。4 連× 2 本が製作される。

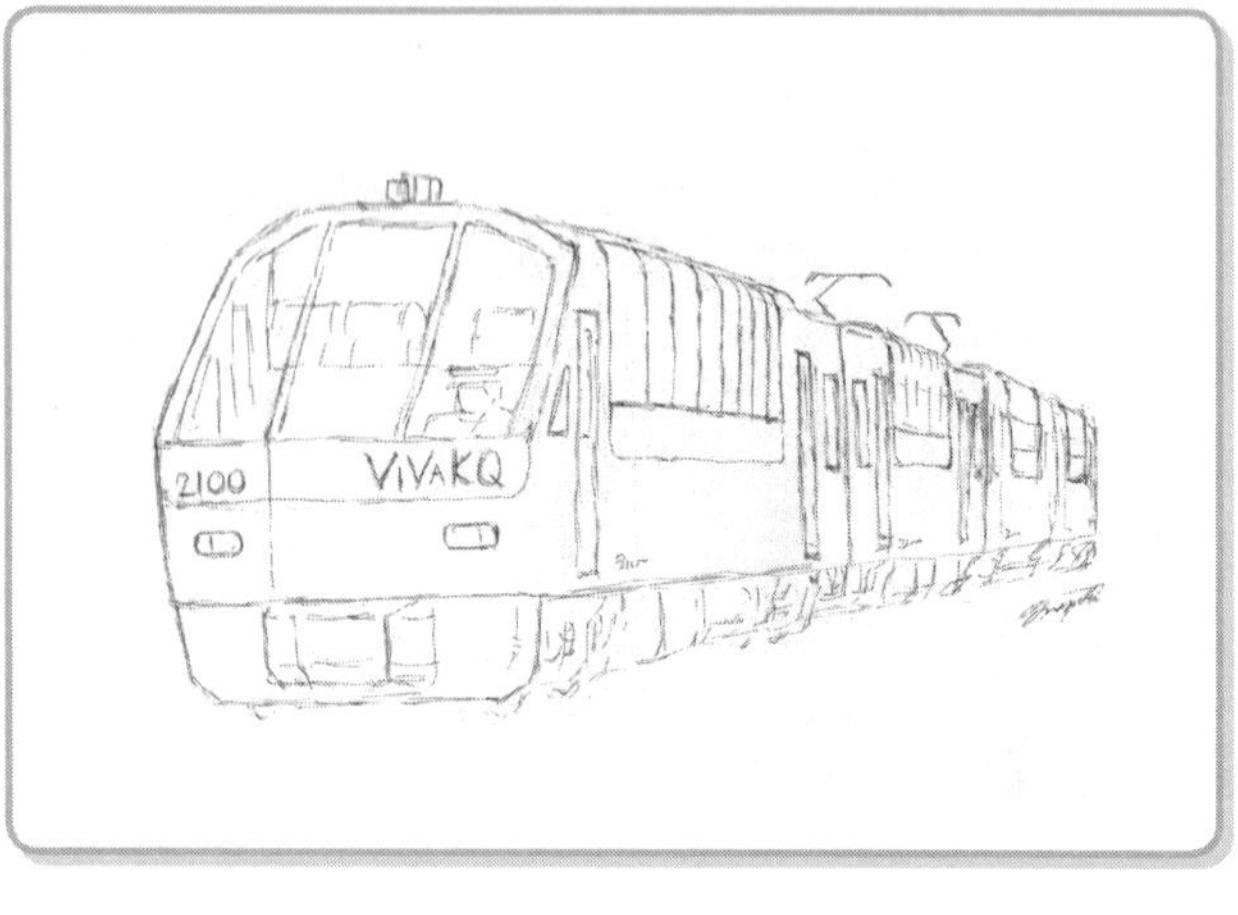

予想イラスト
野月 貴弘
(2点とも)

京急の特撮ヒーロー、ついに名前が判明！その名も「ウィング郷」!!

テクノユニット・スーパーベルズのライブなどに、数年前から姿を現していた、京急をイメージしたヒーローの名前がこのたび明らかとなった。その名は「ウィング郷」。名称不明につき、スーパーベルズのネット番組「鉄音アワー」でファンから名前の募集を行っていたが決定に至らず、これまで「赤いあんちくしょう」などの通称で呼ばれていた。

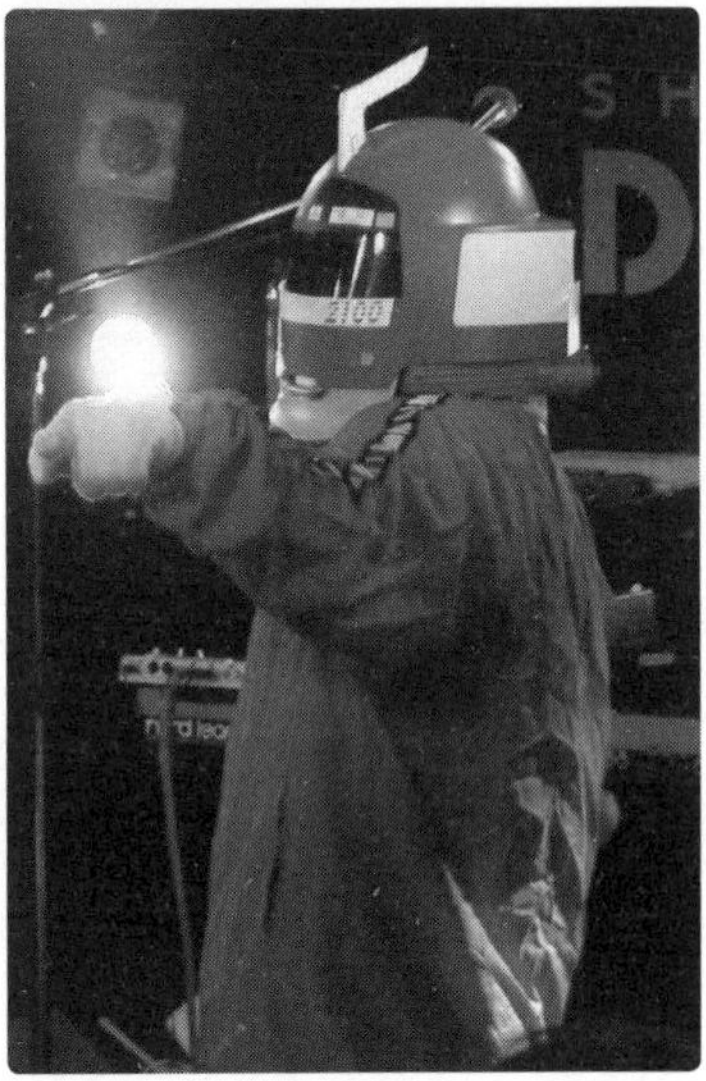

プロフィール

SUPER BELL"Z　野月 貴弘

1972年5月22日生まれ。北海道帯広市出身。

テクノユニットSUPER BELL"Zの中心人物、車掌DJ＆ボーカル。1999年12月、電車の車内アナウンスをラップにした車掌DJ曲「MOTER MAN（秋葉原～南浦和）」でメジャーデビューし、大ヒットを記録。翌年、日本有線放送大賞新人賞を受賞。以降、現代版鉄道唱歌としてシリーズ展開されている。近年は、声で出す電車の音「エアトレイン」を提唱、ライブと合わせ各地で大会を開催している。2019年、デビュー20周年を迎え、記念アルバム「MOTOR MAN 20」（キングレコード）をリリース。NHKラジオ第1「鉄旅・音旅 出発進行！」ではMCを担当。

スーパーベルズオフィシャルウェブサイト「鉄音寺」
http://www.superbellz.com/

ウェブ番組（YouTube＆ネットラジオ）「鉄音アワー」
http://airplug.cocolog-nifty.com/bellz/

京急 妄想鉄道 久野版

Keikyu カスタム検索　検索

トップ ｜ 普通 ｜ エアポート急行 ｜ 特急 ｜ 快特 ｜ エアポート快特

NEWS PICK UP～久野版の特長

- 小島新田から、貨物乗り入れ！京急貨物扱いを再スタート（フリーゲージ方式の導入）
- ことでんの車両を買い戻すことになりました！初代 1000 形が大師線で走ります！（東京メトロがブエノスアイレスから 500 形を買い戻した事例に追随！）
- 京急発祥の地、川崎大師駅に新・駅メロ導入決定！くるり岸田さんが「赤い電車」以来の書き下ろし !! 岸田さんの銅像も建設！
- 日本語自動アナウンスを本格導入！久野知美が担当させていただきます！
- 姉妹鉄道提携先が増えました！久野沖縄鉄道、ラッピング車も走行スタート！

注目POINT

路線図&時刻表

新駅・2駅開業！

久野寺海岸駅（三浦海岸駅～三崎口駅間）
京急南田駅（南太田駅～井土ヶ谷駅間）
の２駅が新たに開業します！

特別企画

アニメ放映スタート！

大久保さん考案（P.108）の京急版シンカリオンを具現化！→「けいきゅリオン」新登場 !!

鉄道むすめ いよいよ誕生！

その名も「久野寺 みさき」!!

プロフィール
- 担当業務…新駅・久野寺海岸駅の駅務係
- 好きな食べ物…マグロ、横須賀バーガー
- 好きな色…赤色、青色、黄色
- 好きな花…河津桜、菜の花
- 父…総合車両製作所勤務

久野寺 みさき（イメージ）

京急妄想路線図 久野版

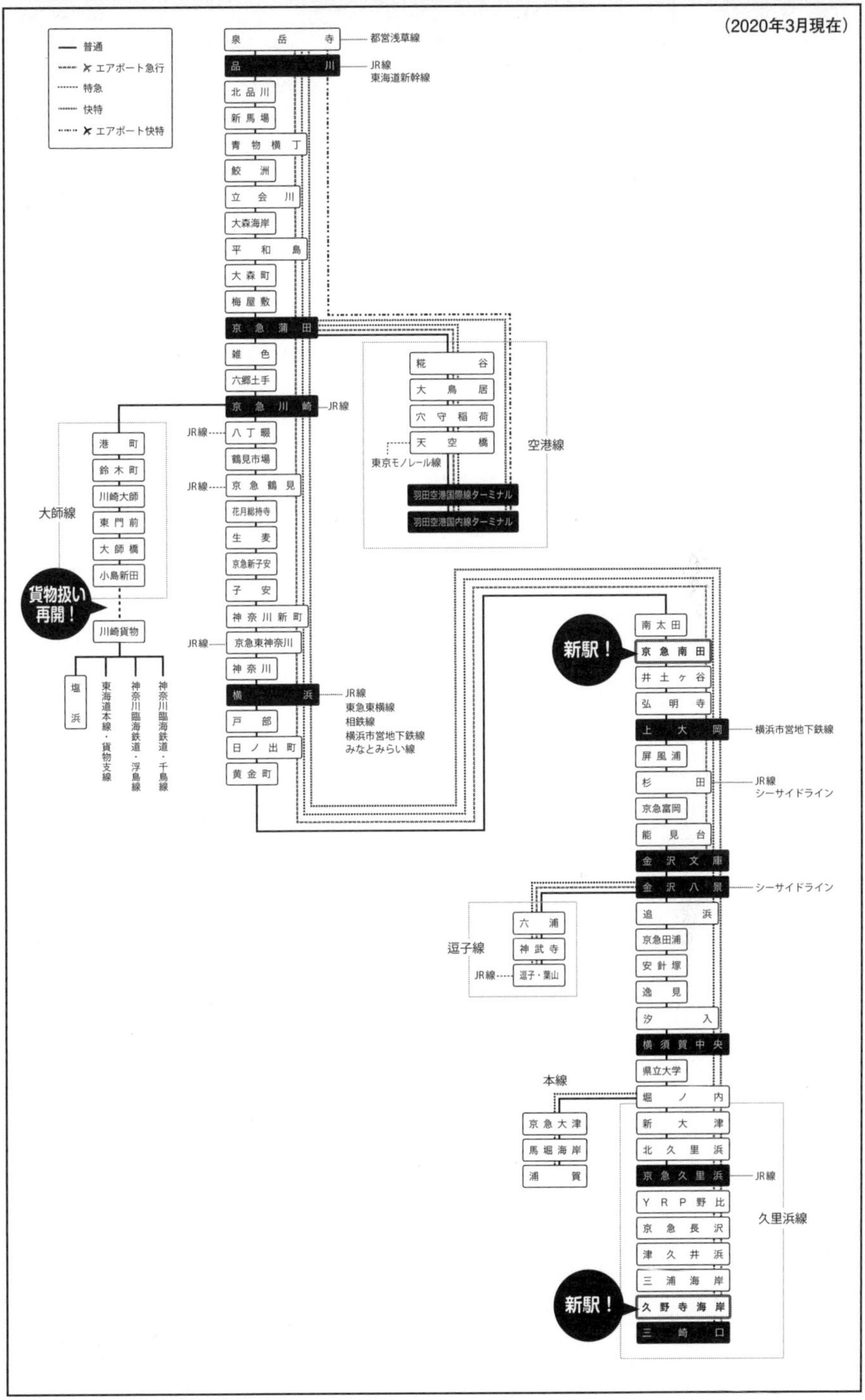
(2020年3月現在)
普通
エアポート急行
特急
快特
エアポート快特
泉岳寺
都営浅草線
品川
JR線
東海道新幹線
北品川
新馬場
青物横丁
鮫洲
立会川
大森海岸
平和島
大森町
梅屋敷
京急蒲田
雑色
六郷土手
京急川崎
JR線
八丁畷
JR線
鶴見市場
京急鶴見
JR線
花月総持寺
生麦
京急新子安
子安
神奈川新町
京急東神奈川
JR線
神奈川
横浜
JR線
東急東横線
相鉄線
横浜市営地下鉄線
みなとみらい線
戸部
日ノ出町
黄金町
糀谷
大鳥居
穴守稲荷
天空橋
東京モノレール線
羽田空港国際線ターミナル
羽田空港国内線ターミナル
空港線
港町
鈴木町
川崎大師
東門前
大師橋
小島新田
大師線
貨物扱い再開！
川崎貨物
塩浜
東海道本線・貨物支線
神奈川臨海鉄道・浮島線
神奈川臨海鉄道・千鳥線
南太田
新駅！
京急南田
井土ヶ谷
弘明寺
上大岡
横浜市営地下鉄線
屏風浦
杉田
JR線
シーサイドライン
京急富岡
能見台
金沢文庫
金沢八景
シーサイドライン
六浦
神武寺
逗子・葉山
JR線
逗子線
追浜
京急田浦
安針塚
逸見
汐入
横須賀中央
県立大学
堀ノ内
本線
京急大津
馬堀海岸
浦賀
新大津
北久里浜
京急久里浜
JR線
YRP野比
京急長沢
津久井浜
三浦海岸
新駅！
久野寺海岸
三崎口
久里浜線

京急 妄想鉄道 南田版

Keikyu カスタム検索 検索

トップ	普通	エアポート急行	特急	快特	エアポート快特

NEWS PICK UP〜南田版の特長

京急で夜行列車を運行！

京急にどんな列車を走らせたいかと考えたとき、真っ先に思い付いたのが「夜行列車」。トイレ設備はどうする？　など、細かなことはさておき、とりあえず妄想してみました！

せっかく夜行列車を走らせるなら、京急の路線を網羅したい。基本的には「泉岳寺発→三崎口行『ミッドナイトWing号』」ですが、「羽田空港発→新逗子行『エアポートミッドナイトWing号』」を京急川崎・金沢文庫間に併結します！

付属編成では事実上、小島新田発→新逗子行に！

付属編成は、小島新田を始発駅とし小島新田→京急川崎→京急蒲田→羽田空港という運用で羽田空港へ送りこまれます。事実上、小島新田発→羽田空港経由→新逗子行という形がベスト！

本当はどうしても浦賀にも行きたかったのですが、通常ダイヤに触れてしまうということもあり、堀ノ内からのシャトルで接続を取るという形をとりました。

品川に長く停車、横浜&上大岡は通過！

こだわりは、出発前に品川で長く停車するところ。乗客は荷物を座席に置いた後、ホームのセブンイレブンなどで夜食を買ったり、写真を撮ったり、思い想いの時間を過ごし、旅に出発する気持ちを整えることができます。

また、横浜はあえて通過させます。横浜駅はとても大きく、夜中に駅を開けるとかなりコストがかかるためです。

上大岡も同様です。ふだんは停車する上大岡ですが、夜行列車は通過します！

京急妄想時刻表 南田版

列車種別		快特	快特	普通
列車名		ミッドナイトWing	✈ミッドナイトWing	ミッドナイトリレー
行先		三崎口	新逗子	浦賀
編成両数		8	4	4
泉岳寺	発	020	…	…
品川	着	023	…	…
	発	040	…	…
北品川	〃	レ	…	…
新馬場	〃	レ	…	…
青物横丁	〃	レ	…	…
鮫洲	着	レ	…	…
	発	レ	小島新田 030発	…
立会川	〃	レ		…
大森海岸	〃	レ		…
平和島	着	レ		…
	発	レ	川崎大師 045発	…
大森町	〃	レ		…
梅屋敷	〃	レ		…
羽田国内	発	‖	125	…
羽田国際	〃	‖	129	…
天空橋	着	‖	レ	…
穴守稲荷	〃	‖	レ	…
大鳥居	〃	‖	レ	…
糀谷	〃	‖	レ	…
京急蒲田	〃	055	レ	…
発車番線		②	…	…
京急蒲田	着	055	レ	…
雑色	発	レ	レ	…
六郷土手	〃	レ	レ	…
京急川崎	着	108	155	…
	発	200	↲	…
港町	〃	‖	…	…
鈴木町	〃	‖	…	…
川崎大師	〃	‖	…	…
東門前	〃	‖	…	…
産業道路	〃	‖	…	…
小島新田	着	‖	…	…
八丁畷	発	レ	…	…
鶴見市場	〃	レ	…	…
京急鶴見	〃	レ	…	…
花月園前	〃	レ	…	…
生麦	着	レ	…	…
	発	レ	…	…
京急新子安	〃	レ	…	…
子安	〃	レ	…	…
神奈川新町	着	219	…	…
	発	255	…	…
仲木戸	〃	レ	…	…
神奈川	〃	レ	…	…
横浜	着	レ	…	…
	発	レ	…	…
戸部	〃	レ	…	…
日ノ出町	〃	レ	…	…
黄金町	〃	レ	…	…
南太田	着	レ	…	…
	発	レ	…	…
井土ヶ谷	〃	レ	…	…
弘明寺	〃	レ	…	…
上大岡	着	レ	…	…
	発	レ	…	…
屏風浦	〃	レ	…	…
杉田	〃	レ	…	…
京急富岡	〃	レ	…	…
能見台	〃	レ	…	…
金沢文庫	着	325	↴	…
	発	349	430	…
金沢八景	着	レ	433	…
	発	レ	440	…
六浦	〃	‖	レ	…
神武寺	〃	‖	レ	…
新逗子	着	‖	500	…
追浜	発	レ	…	…
京急田浦	〃	レ	…	車内へは415からご乗車いただけます
按針塚	発	レ	…	
逸見	着	レ	…	
	発	レ	…	
汐入	〃	レ	…	
横須賀中央	〃	406	…	
県立大学	〃	レ	…	
堀ノ内	着	416	…	
	発	416	…	449
京急大津	〃	‖	…	453
馬堀海岸	〃	‖	…	456
浦賀	着	‖	…	500
到着番線（浦賀駅）				①
新大津	発	419	…	…
北久里浜	〃	421	…	…
京急久里浜	着	425	…	…
	発	426	…	…
YRP野比	〃	430	…	…
京急長沢	〃	435	…	…
津久井浜	〃	438	…	…
三浦海岸	〃	455	…	…
三崎口	着	500	…	…
到着番線		①		

2019年10月現在

注目POINT

大きな駅を通過する喜び！

横浜＆上大岡を通過することで、真夜中に大きな駅を通過する「夜行列車ならでは」の喜びを実現！　ふだんは多くの人でごった返す駅ががらんとして、蛍光灯の明かりも疎ら……。そんな「寝静まった駅」が垣間見えるのは、夜行列車の特権！

京急川崎で連結作業！

京急川崎での連結作業もポイント。付属編成の方が遅れてゆっくり来るので、じっくり停車します。ホーム上にあるパタパタの行き先案内表示は、この列車の後、きっちり始発列車を表示しているのでしょうか!?

また、金沢文庫では切り離しが行われます。

堀ノ内駅でシャトルと接続！

堀ノ内では浦賀行のシャトル『ミッドナイトリレー号』と接続します。このシャトルは、もちろんですが『ミッドナイトWing号』が到着する前からホームに留置、お客様がそのまま向かい側のホームに停車中のシャトルにご乗車いただく事ができます。

そこから先は快特の停車駅で三崎口到着は午前5時ちょうど。浦賀も新逗子も、午前5時ちょうどに着きます。

おわりに

OWARINI

著者より

まず本書では、車両基地や社員食堂の取材、運転手さんのアンケートなどをはじめ、様々な企画において京急さんに多大なるご協力をいただきました。

この場をお借りして、心から御礼申し上げます。

今回ご登場いただいた皆さんのお話で共通していたのは、

赤がシャアのようだ、かっこいい

といった色や

とにかく早くて、すごい！

といった速さの部分であり、

改めてそこが京急の魅力の一つなのだと再確認しました。

打ち合わせなど全くしていないのに、どんどん共通項がたくさん出てくると言いますか……！


妄想鉄道でも皆さん貨物運用を復活させたがっていて

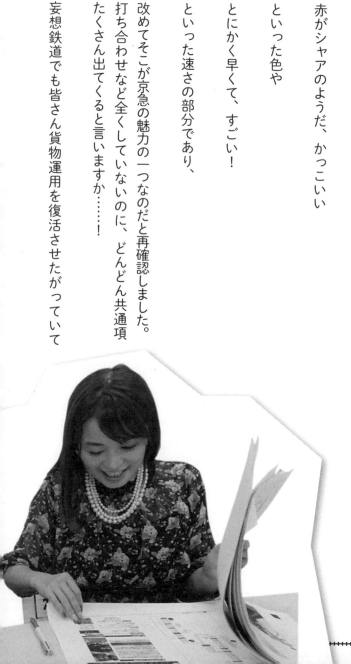

（笑）そこが面白かったですね。

また企画を通じて、京急の皆さんが自社に誇りを持って日々仕事に取り組んでいらっしゃるのだと改めて実感いたしました。

〃京急ファンの皆さんのかゆいところに手が届くように〃との一心で何度も何度も取材を重ね、出来上がりました。

たくさんの方々の思いが詰まった1冊に仕上がったと思います。

最後まで読者の方々に楽しんでいただけていたなら幸いです。

そして、次回作以降でご協力いただける鉄道会社さんを募集中です（笑）。ご連絡をお待ちしております。

本当にありがとうございました!!

久野知美

監修者より

今回、京急で働いていらっしゃる皆さんや、僕よりもずっと好きでいらっしゃるファンの方々の話をたくさん聞かせていただきました。

この書籍での取材を通じて、僕はますます京急が好きになりました。

ご協力くださいました京急の皆さんをはじめ、全ての方々に厚く御礼申し上げます。

最後に……これまで以上に京急を利用したいと思います！

南田裕介

著者

久野知美（くの・ともみ）

フリーアナウンサー、女子鉄。ホリプロアナウンス室所属。1982年7月21日、大阪府出身。趣味は旅行で、これまでアメリカ・フランス・スイス・コスタリカ・インドネシアなど様々な国を訪問（世界遺産検定2級）。国内旅行は「青春18きっぷ」をフル活用。テレビ朝日「テンション上がる会？」、BSフジ「鉄道伝説」など、鉄道関連企画のテレビやラジオに多数出演するほか、関東私鉄３社の列車自動アナウンスも担当。個性の強い鉄道タレントを見事に仕切ることから、鉄道系イベントにひっぱりだこ。近年では、「東洋経済オンライン」コラム執筆などフォトライターとしても活躍。現在、テレビ東京「なないろ日和！」「よじごじ Days」、NHKラジオ第１「鉄旅・音旅 出発進行！」、FM NACK5「スギテツの GRAND NACKRAILROAD」にレギュラー出演中！
著書に「鉄道とファン大研究読本」（小社刊）、「女子鉄アナウンサー久野知美のかわいい鉄道」（発売：山と渓谷社、発行：天夢人）。

監修

南田裕介（みなみだ・ゆうすけ）

株式会社ホリプロ スポーツ文化部チーフマネージャー。1974年8月22日、奈良県出身。静岡大学卒業後、ホリプロに入社。ホリプロアナウンス室担当。
タレントのプロデュースをする傍ら、自身もテレビ朝日「タモリ倶楽部」CS日テレプラス「鉄道発見伝」など、鉄道関連のテレビ、ラジオ、イベントにも出演。日本テレビ「笑神様は突然に…」『鉄道 BIG4』の一人でもある。著書に「ホリプロ南田の鉄道たずねて三千里」(主婦と生活社)。

第1弾も好評発売中!!

鉄道とファン大研究読本

～私たち車両限界、超えました～

鉄道BIG4が誌面に集結！

礼二
（中川家）

吉川正洋
（ダーリンハニー）

岡安章介
（ななめ45°）

著者兼水先案内人 **久野知美**氏（女子鉄アナウンサー）
監修 **南田裕介**氏（ホリプロマネージャー）

「私たち、鉄道に人生を捧げています！」
乗り鉄、収集鉄、もじ鉄、音鉄……
“鉄分”満載な乗客がノンストップで明かす
『鉄道愛』と『鉄道との付き合い方』

鉄道の楽しみ方は多種多様
だから、テツの世界は奥深い

私たちが普段何気なく利用している鉄道。その鉄道の魅力とはなんでしょうか？

ホームで電車を撮影する人、切符を集める人、本物の車両を集める人、呑みながら鉄道の旅を楽しむ人……鉄道の楽しみ方は人それぞれ。

この本では、さまざまな「鉄道の楽しみ方」をご案内しながら、鉄道ファンについて研究してみることにしました。

そして、こういった楽しみ方ができるのは、毎日安心・安全を運んでくれる鉄道会社の存在なくしては語れません。

実際に働いていらっしゃる方の声もぜひこの本を通じて伝われば幸いです。

【目次】

装幀・本文デザイン　二ノ宮匡、ホリウチミホ（ニクスインク）
本文デザイン　松浦竜矢、貞末浩子

本文デザイン・人生路線図　石川祐基（デザイン急行）

構成・取材・文　キンマサタカ（パンダ舎）、能見美緒子、京都純典、花田雪

写真　松岡健三郎、魚住貴弘、松田杏子

編集　滝川昂、小室聡（株式会社カンゼン）

衣装協力　株式会社ストックマン（EUROPEAN CULTURE）
株式会社ビキジャパン（STUDIO PICONE）
Joint Space（Liara PG/ Prima Scherrer）

取材協力　UUUM株式会社、株式会社太田プロダクション
株式会社舞プロモーション、株式会社メディア・ヴァーグ
NOISE McCARTNEY

企画・取材協力　京浜急行電鉄株式会社、株式会社ホリプロ

SPECIAL THANKS　取材にご協力いただいた皆様

京急とファン大研究読本
赤い電車に魅せられて

発行日　2019年11月22日　初版

著　者　久野 知美

監　修　南田 裕介

発行人　坪井 義哉

発行所　株式会社カンゼン
〒101-0021
東京都千代田区外神田2-7-1 開花ビル
TEL 03（5295）7723
FAX 03（5295）7725
http://www.kanzen.jp/
郵便為替 00150-7-130339

印刷・製本　株式会社シナノ

ISBN 978-4-86255-523-6
Printed in Japan
定価はカバーに表示してあります。

ご意見、ご感想に関しましては、kanso@kanzen.jpまでEメールにてお寄せ下さい。お待ちしております。